DAVID DEIDA

Du bist Liebe

GOLDMANN

1. Auflage
Deutsche Ausgabe November 2024

Originalverlag: Sounds True Inc., Boulder CO 2005
Titel der Originalausgabe: *Dear Lover – a woman's guide to men, sex and love's deepest bliss*
Projektleitung: Marianne Nentwig
Lektorat: Hendrik Bönisch
Umschlag: UNO Werbeagentur GmbH
Umschlagmotiv: © FinePic®, München
Gestaltung und Satz: KleiDesign
Druck und Bindung: GGP Media GmbH, Pößneck
Printed in Germany
ISBN 978-3-442-22405-0

www.goldmann-verlag.de

David Deida

Du bist Liebe

Männer, Sex und tiefes Liebesglück – ein Ratgeber (nicht nur) für Frauen

Aus dem Amerikanischen
von Susanne Lötscher

Mit einem Vorwort von Marianne Williamson

GOLDMANN

Vorwort von Marianne Williamson 5

Einführung 8

1 Du bist Liebe 11
2 Schokoladige Liebe 13
3 Sehnsucht ist der Schlüssel zur Liebe 17
4 Die Gabe des Liebesakts 19
5 Spiritueller Sexappeal 24
6 Orgasmische Liebe 29
7 Liebe und Angst 35
8 Deine sexuelle Essenz 41
9 Dein wahres Herz und seine Schalen 45
10 Dein Herz darbieten oder es verraten 55
11 Liebesspiel mit zwei Körpern 63
12 Über die Angst hinaus lieben 68
13 Vertraue darauf, dass dein Partner dich öffnet 73
14 Du ziehst deinen Gegenpol an 77
15 Warum Männer sich zurückhalten 82
16 Deine Anziehungskraft 90
17 Du hast dir deinen Partner ausgesucht 100
18 Zeige Lust und Verletztheit 109
19 Die mangelnde Feinfühligkeit der Männer 115
20 Wie man offen bleibt 118
21 Sich über den toten Punkt hinaus öffnen 125
22 Das Ende einer Beziehung und die Leere, die er zurücklässt 130
23 Drei Phasen des Liebens 137
24 Liebe ist eine lebendige Kunst 145
25 Zeig das Licht deines Herzens in der Öffentlichkeit 150
26 Sich für Misshandlungen statt für Liebe entscheiden 161
27 Der Wunsch, sich öffnen zu lassen 166
28 Vertrauen und Sich-Öffnen – eine Zusammenfassung 169
29 Leb wohl 173

Über den Autor 177

Vorwort

von Marianne Williamson

Wie für viele Frauen aus meinem Bekanntenkreis ist die Liebe entweder das Einzige, worüber ich sprechen will, oder das Letzte, worüber ich sprechen will, je nach Stimmung. Wenn ich in der Stimmung bin, darüber zu diskutieren, kommt sie mir ungeheuer wichtig vor. Wenn nicht, wirkt sie beinahe schon neurotisch. Eines jedoch bleibt immer gleich, egal wie ich Liebe betrachte: Romantische Liebe ist ein Mysterium.

Eine Romanze bedeutet vielen Menschen zwar eine ganze Menge, doch sie hat selten etwas mit der Karikatur zu tun, als die sie in der an den Konsumenten gerichteten Werbung dargestellt wird. Sie ist beherzter und kann uns größere Schmerzen bereiten, als das Bild eines Liebespaares am Strand erkennen lassen könnte. Romanzen sind mehr als ein theatralisches Gefäß für so veränderliche Energien wie Glück und Verzweiflung. Aber es ist leichter zu erklären, was sie nicht sind, als zu erklären, was sie sind. Der Grund dafür ist vielleicht, dass sich das Wesen der Romanze ständig verändert. Wie alle anderen Dinge bekommt auch die Romanze ein spirituelles Element. Sie steigt empor, um uns auf der Ebene deren zu begegnen, die wir wirklich sind.

Aus spiritueller Sicht ist eine Romanze in ihrer göttlichen Essenz ein Tempelraum. Eines von Gottes Laboratorien, eine Form spiritueller Transformation. So betrachtet, bietet sie der Seele eine heilige Gelegenheit, die Begrenzungen des engen Selbst hinter sich zu lassen und sich mit Quantensprüngen neue emotionale Möglichkeiten zu erschließen. Dort treibt uns die Liebe in die Enge, indem sie uns einen Spiegel vors Gesicht hält und von uns verlangt, zu verzichten: auf die Verletzungen, auf die Vergangenheit, auf die Mauern, auf die Vorwürfe, auf die Verteidigungsstrategien, auf die Grenzen, auf die Angst ...

Liebe ist kein Spiel für Angsthasen

Die meisten mir bekannten Frauen sind inzwischen davon überzeugt, dass spirituelle Hingabe das Tor zur Liebe ist. Aber dieses Wissen allein bringt uns nicht weiter. „Ich soll mich hingeben?“, fragen wir. „Ich verstehe, was es bedeutet, aber zeigt mir, wie es geht!“ Denn es ist nicht so einfach, sich der Liebe hinzugeben, wenn Papa eigentlich nie richtig da war. Es ist nicht so einfach, sich der Liebe hinzugeben, wenn ein Mensch, dem wir vertrauten, uns verlassen oder hintergangen hat. Und es ist nicht so einfach, sich der Liebe hinzugeben, wenn wir nach unserer letzten Beziehung monate- oder gar jahrelang psychisch völlig am Ende waren.

Es kann emotional überaus anstrengend sein, zu lernen, wie man sein Herz öffnet, wenn die Lebenserfahrungen es verschlossen haben. Vermeintlich vorübergehende Schutzmechanismen können im Lauf der Jahre zu tief verwurzelten Verteidigungsmustern erstarren. Und so trauern wir der Unbekümmertheit und Freiheit der Liebe nach.

Beim Lesen von Shakespeares Sonetten fällt uns wieder ein, was wir verloren haben. Wir erinnern uns an das, wonach wir uns sehnen, wenn wir Elizabeth Barrett Brownings Gedichte an ihren geliebten Robert lesen. Wir erinnern uns an das Wunder, das wir uns im Leben am sehnlichsten wünschen, wenn wir spätabends unserer Lieblingsmusik lauschen und unser Herz sich unverfälscht und unbändig nach dem sehnt, was es sich zutiefst wünscht.

Genau diese Sehnsucht ist eine inständige Bitte um die Art von Weisheit, die David Deida uns vermittelt. Er ist einer unserer neuen Liebesschamanen. Deida ist ungestüm und schonungslos und übertreibt es manchmal auch. Er kann brüllen, aber auch flüstern, er kann uns mit etwas konfrontieren, aber auch trösten. Das Feuer, das er trägt, kann entweder verbrennen oder erleuchten, je nachdem, wie wir es einsetzen. Aber wenn sein feuriges Geschenk ein Geschenk für Sie ist, dann, glaube ich, werden Sie es merken. Sie werden spüren, welche Teile Ihres Selbst seine Botschaft brauchen, und werden feststellen, dass Sie diese Botschaft unbedingt empfangen wollen. Ihr Verstand und Ihr Herz werden auf die Vorstellung reagieren, dass wir lernen können, bedeutungsvoller zu lieben, indem wir uns von den schmerzhaften Mustern lösen, die uns auf unserer Reise bislang gequält haben.

Die Reise ins Herz Gottes ist stets der Schlüssel zu unserer Erlösung, egal welche Ursachen unser Schmerz hat. Doch wenn der Schmerz uns überwältigt, wenn das Telefon nicht läutet, wenn eine Vereinbarung nicht eingehalten oder unsere Hoffnung zerstört wurde, dann fällt es uns nicht immer so leicht, zu erkennen, wie wir diese Erkenntnis umsetzen können. Ich bin meiner Liebe ein bisschen näher gekommen, weil ich Deida zugehört und dieses Buch gelesen habe. Mein Herz ist freier – möge es das Ihre auch sein.

Lehnen Sie sich jetzt an ein bequemes Kissen. Dämpfen Sie das Licht, aber nicht da, wo Sie lesen. Sprechen Sie vielleicht ein Gebet und bitten Sie um die Wahrheit, die hinter dem Schleier liegt. Bitten Sie darum, über Männer das zu erfahren, was Sie wissen müssen – so dass Sie vielleicht lernen, sie so zu lieben, wie es Ihr sehnlichster Wunsch ist.

Und lauschen Sie dann mit mir dem Magier der Liebe. Er erzählt uns von einem seit Langem verschollenen Versprechen. Er erzählt von Wahrheit. Er erzählt von Liebe.

EINFÜHRUNG

Liebe Leserin,

die folgenden Kapitel widme ich Ihnen, als wären Sie meine Geliebte. Egal ob Sie Single oder verheiratet sind – diese Worte schenke ich Ihnen, so wie ich sie meiner Liebsten schenken würde. Vielleicht lernen wir uns nie kennen, aber ich möchte Ihnen die Gelegenheit geben, Ihr Herz durch meines zu spüren.

Seit Jahren veranstalte ich Workshops auf der ganzen Welt, in denen ich mich gemeinsam mit Frauen und Männern öffne, die mir ihre verborgensten Herzenswünsche gestehen. Es scheint, als lernten wir uns selbst häufig zutiefst über das Herz eines Menschen kennen, der uns liebt, der bereit ist, sich zu öffnen und uns so zu sehen, wie wir wirklich sind, und der bereit ist, uns zuzuhören und die Sehnsucht unseres Herzens zu spüren.

Liebe umfassend geben und annehmen – das ist der wahre Wunsch unseres Herzens, Ihres und meines Herzens. Die Sehnsucht, die Sie im Herzen spüren, ist dieselbe, die jedermann spürt. Wenn Sie die Sehnsucht Ihres Herzens durch mein Herz spüren, werden Sie sich durch die vielen Herzen, die sich gemeinsam vertrauensvoll geöffnet haben und die folgenden Worte haben entstehen lassen, hoffentlich besser kennenlernen.

Jedes Herz will sich Gott beziehungsweise dem grenzenlosen Strom göttlicher Liebe öffnen. Egal ob Sie ein religiöser Mensch sind oder nicht, Ihr Herz sehnt sich trotzdem danach, sich grenzenlos zu öffnen, gesehen und grenzenlos dargeboten zu werden. Das verstehe ich unter „sich für Gott öffnen" – sich öffnen und alles und jedermanns Herz als eine göttliche Ausdrucksform der Liebe spüren.

Auch Sexualität ist eine göttliche Ausdrucksform für Liebe – oder könnte es zumindest sein. So wie ich mein Herz meiner Geliebten schenken würde, schenke ich Ihnen die folgenden Kapitel, damit sich

Ihr Herz für Gott öffnet, egal ob Sie allein oder in einer Beziehung leben, ob Sie Tee kochen oder Liebe machen. Ich hoffe, dass Sie, wenn Sie Ihr Herz durch diese Worte spüren, noch tiefer erfahren, wie sich die göttliche Liebe danach sehnt, sich durch jedermanns Herz zu öffnen.

Und mit dieser Erkenntnis, dass unsere Herzen sich mit derselben Liebe öffnen und fließen, schenke ich Ihnen die folgenden Kapitel, als wären Sie meine teure Geliebte.

David Deida

1
Du bist Liebe …

Teure Geliebte, wenn ich in deine Augen schaue, spüre ich die Sehnsucht deines Herzens. Nichts ist schöner für mich als deine Liebe. Ich möchte deine Liebe trinken und in dein Herz eintauchen und dich für Gott öffnen. Aber dazu muss ich spüren, dass du dir wünschst, dass ich in dich eindringe. Ich möchte spüren, dass du mir vertraust und in deiner Wachsamkeit nachlässt, nur ein kleines bisschen, damit ich die Einladung deines Herzens spüren kann. Bitte öffne dich, damit ich dein Herz fordern kann.

Wenn du tief in dein Herz hineinspürst, spürst du Liebe. Ganz tief drinnen *bist* du Liebe.

Diese Liebe leuchtet als Licht, und deshalb möchtest du wirklich *gesehen* werden.

Dieses Licht strömt als Energie, und deshalb möchtest du dich ganz *schenken*.

Dein Herz möchte Liebe umfassend geben und empfangen. Das ist sein tiefster Wunsch.

Liebe ist Offenheit. Nach ebendieser Offenheit sehnt sich das Herz eines jeden Menschen. Du bist diese Liebe. Du bist als Liebe lebendig, und dein ganzer Körper sehnt sich danach, sich der Liebe zu öffnen. Dein Herz will nichts anderes, als offen für die Liebe zu leben; es will, dass du dich ganz und gar als Liebe hingibst – und als die Liebe gesehen wirst, die du bist. Du sehnst dich danach, *gefordert*, genommen und geöffnet zu werden, sehnst dich danach, dich glückselig hinzugeben, so dass jeder Augenblick deines Lebens als das Licht der Liebesleidenschaft lodert, ein Geschenk deines hingebungsvollen Herzens, und als Verehrung strahlenden Liebesglücks.

Im Bemühen, in deinem Leben und deinen Beziehungen Sicherheit und Selbstvertrauen aufzubauen, hast du womöglich Mauern um dein Herz errichtet und es sind Spannungen in deinem Körper entstanden. Diese Schutzmauern mögen manchmal zwar ganz nützlich sein, doch im Lauf der Zeit können sie zu Schalen der Angst werden, die deine wahre Liebe blockieren. Diese Schalen können die Liebe, die du umfassend schenken möchtest, zügeln und die Liebe fernhalten, die zu empfangen der sehnlichste Wunsch deines Herzens ist.

Das Geheimnis, wie du dein tiefstes Herzensglück zur Entfaltung bringen kannst, besteht darin, intensiv Liebe zu geben und zu empfangen – mit oder ohne Mann. Statt dich von einem Mann abhängig zu machen und statt dein Herz mit Mauern aus vielen erlebten Enttäuschungen zu schützen, kannst du lernen, deinen Körper zu öffnen, als wäre er ein großes verletzliches Herz, das von der strahlenden Lebenskraft der Liebe erfüllt ist. Und genau diese Einstellung – ein offenherziges Strahlen – wird die Welt beschenken und einen Mann anziehen und festhalten, der tatsächlich in der Lage ist, deinen tiefsten Herzenswunsch zu erfüllen.

Achte einmal auf Folgendes: Ist deine Atmung genau jetzt wie Liebe beschaffen – atmest du genauso lustvoll und offen ein und aus, wie du es tun würdest, wenn du den Körper deines Geliebten dicht an deinem spürst, während ihr euch gefühlvoll vereinigt – oder ist deine Atmung verspannt, weil du dir angstvoll Gedanken ums Überleben machst und du ein Gefühl von Getrenntsein, Verzweiflung oder Einsamkeit verspürst?

Egal ob du allein oder in einer Beziehung lebst, dein spirituelles und sexuelles Glück fordert von dir, dass du deinem ganzen Körper täglich Lust bereitest und dich aus tiefstem Herzen hingibst, denn sonst verdorrt deine Freude wie eine Pflanze, die man nicht gießt.

2
Schokoladige Liebe

Ich sehe dir gern zu, wenn du dich bewegst. Dein Körper ist so offen, ich möchte dich umarmen und dein Herz an meines drücken. Wenn ich dich Schokolade oder deine Lieblingsspeisen essen sehe, bin ich verblüfft, wie dein Körper sich vor Lust öffnet und weich wird, als strömte die Liebe durch dich hindurch. Oft erzitterst du und gibst Laute des Entzückens von dir. Ich frage mich, ob du dich für eine andere Lebensweise entscheiden würdest als die, dich der Liebe zu öffnen. Ich weiß, dass du nicht immer köstliche Leckereien essen kannst, aber ich würde gern wissen, wie du leben würdest, wenn du göttlichen Nektar einatmen und spüren würdest, wie er genau in diesem Moment durch deinen Körper strömt.

Du kannst dich offen ergeben und die volle Liebesenergie deines Herzens den ganzen Tag lang durch deinen Körper strömen lassen. Du kannst lernen, dich zu öffnen, damit die Liebe deines Herzens ungehindert durch deinen *ganzen* Körper fließen kann. Dann kann das wahre Licht deines Herzens aus deinen Augen und deinem Lächeln leuchten. Die Liebesenergie kann durch die Art, wie du dich bewegst, fließen. Die Offenheit der Liebe kann dich atmen. Andere können sehen, wer du wirklich bist. Sie können deine tiefsten Gaben spüren. Du bist Liebe, fließt mit der Liebe, bist strahlend wie die Liebe.

Wenn du lernst, dich der Liebeslust vollständig zu öffnen, kann dein Herz deine tiefsten Gaben den ganzen Tag durch deinen Körper zum Ausdruck bringen, und du wirst automatisch einen Geliebten anziehen und festhalten, dessen tiefes Herz dem deinen begegnen kann.

Stell dir vor, du machst es dir mit einem Schälchen deiner Lieblingsleckerei gemütlich – einer doppelten Portion Schokoladeneis mit Pekannüssen. Der erste Löffel voll landet in deinem Mund. Schokolade überflutet deine Zunge wie eine köstliche Woge der Fülle. Deine Augen schließen sich und du lächelst. Mmmmh! Die glückselige Offenheit der Liebe verteilt sich im ganzen Körper. Du atmest voll und inhalierst förmlich das Aroma der Schokolade, während das Eis in deinem Mund schmilzt. Vielleicht fangen sogar deine Zehen und Finger an, sich lustvoll zu bewegen, wenn du die Fülle der Schokolade hinunterschluckst.

Wenn sich noch mehr angenehme Energie durch deinen Körper bewegen soll und du gern jeden Körperteil öffnen würdest, damit er von der Fülle der Liebe überflutet wird, dann könntest du das Schälchen abstellen und aufstehen. Du könntest in Schokoladenwahnsinn verfallen und deinen Körper aufgehen lassen und in Schokoladenlust tanzen, dich winden, hin und her wiegen und beim Gedanken an ein so leckeres Eis hingebungsvoll stöhnen.

Du kannst die Energie wie Strom durch deinen ganzen Körper schicken und dich von ihr für eine tiefer gehende Lust öffnen lassen. Vielleicht beschließt du sogar, sexuelle Energie durch deinen Körper strömen zu lassen, indem du mit den Händen deine Beine berührst und dich beim Tanzen sinnlich in den Hüften wiegst. Inzwischen bist du schon weit über die Lust auf Schokolade hinaus, du spürst das Strömen tiefer gehender Leidenschaft und die Sehnsucht in deinem Körper und Herzen.

Vielleicht legst du dich auf die Couch und berührst dich zwischen den Schenkeln, bist nass vor Lust und richtig wild. Du fährst mit der Zunge über die Lippen, weil du mehr willst, mehr Fülle in dich aufnehmen willst, mehr Fülle über deinen Mund, deinen Bauch, die Stelle zwischen deinen Beinen empfangen willst. Deine Beine öffnen und schließen sich wie Schmetterlingsflügel, während du dich berührst und dich dem Strom von Energie und Begehren offen hingibst.

Und dann spürst du vielleicht dein Herz, das so gern gesehen werden und der Liebe Einlass gewähren möchte. Tiefer als Lust und Energie wünschst du dir Liebe. Und nicht einfach die Liebe deiner Mutter. Vielmehr möchtest du spüren, dass dich ein leidenschaftlicher Mann mit wahrhaft aufrichtigem Herzen tief liebt. Er soll sehen, wer du wirklich bist, und dich begehren, indem er in die Tiefen deines Herzens hineinspürt. Du wünschst dir, er möge mit der zärtlichen Kraft seines Liebesbegehrens tief in dich eindringen, den geheimen Kern deines Herzens öffnen und deine göttliche Liebesessenz zur Entfaltung bringen.

Auch wenn du dich sträubst, dem Sehnen deiner eigenen Liebe zu vertrauen, wartet dein tiefstes Herz darauf, so umfassend geliebt zu werden, dass du dich mehr öffnest, als du selbst dazu bereit wärst, und dich von der tiefsten Forderung der Liebe glücklich und gewaltsam öffnen lässt, offen gelegt und von der Liebe sanft beherrscht wirst.

Manchmal sehnst du dich nach *ihm*. Nicht unbedingt nach einem bestimmten Mann, sondern nach der Kraft einer maskulinen Liebe, die erkennt, wer du wirklich bist, die mit sanfter Gewalt in dich eindringt und dich für die Lust öffnet, eine gewaltige, beharrliche, hartnäckige Liebe, die dich unnachgiebig begehrt, tiefer in dich hineinliebt und dich öffnet und niemals aufhört. Du wirst von seiner Liebe erfüllt und von seiner Forderung geöffnet. Während du immer tiefer atmest, bewegt sich dein Körper in Wellen, er öffnet sich unter dem Druck seines Gewichts und wird von dem ungeheuren Ausmaß der Liebe erfüllt.

Deine Kanten schmelzen. Deine Grenzen lösen sich auf. Dein Körper öffnet sich nach außen, und Liebe strahlt als großzügiges Geschenk aus deinem Herzen. Du weinst, als dein Widerstand in der Fülle der Liebe dahinschmilzt, die Lust zwingt deinen Körper, sich noch weiter zu öffnen. Dein Gesicht wird feucht, deine Schenkel nass, dein Bauch hebt und senkt sich, du ergibst dich offen, so weit wie alles. Es gibt keine Grenzen, nur Liebe, Offenheit, Fülle.

Wenn du dich so völlig geöffnet hast, fühlst du dich von der immer gegenwärtigen Berührung der Liebe für den Rest des Tages durchdrungen. Wenn du durch deine Wohnung gehst oder deine Arbeit fortsetzt, bewegen sich deine Hüften so, wie eine Blume sich öffnet. Dein Bauch ist voller Himmel und Sterne. Dein Herz bietet sich so tief wie das Meer dar. Ob du Geschirr spülst oder Freunde anrufst, aus jeder Geste ergießt sich Liebe, die alle mit dem überbordenden Strahlen deines Herzens segnet.

Schokolade oder ein guter Mann können dein Herz dazu bringen, sich hinzugeben, aber nur mit Lust, die den ganzen Körper erfasst, und überfließender Liebe – du öffnest dich, bis du dich Gott ganz als Liebesglück zeigst – kannst du dein tiefstes Begehren leben, mit oder ohne einen vertrauenswürdigen Geliebten oder ein leckeres Dessert.

3
Sehnsucht ist der Schlüssel zur Liebe

Deine Sehnsucht nach Liebe ist so mächtig, dass ich dein Herz immer spüren kann. Wenn du mich offen liebst, kann ich dein Herz spüren. Aber ich kann auch das Sehnen deines Herzens spüren, wenn du wütend oder traurig bist. Dein Herz ruft immer nach mir, auch wenn ich manchmal nicht fähig bin, mich mit dir zu öffnen, weil deine Emotionen mich ablenken. Vielleicht fürchte ich mich oder bin zerstreut und du bist vielleicht durcheinander, aber trotzdem spüre ich das Sehnen deines Herzens. Und ich muss dein Herz einfach spüren. Dein Sehnen zieht mich zurück in die Tiefe der Liebe. Dein Sehnen lädt mich in dein Herz ein.

Spüre tief in dein Herz hinein. Spüre deine riesige Sehnsucht. Manchmal reduzierst du diese tiefe Sehnsucht zwar auf oberflächliche Bedürftigkeit – auf das Bedürfnis, von einem Mann oder dir selbst geliebt zu werden –, aber diese tiefe Sehnsucht ist im Grunde die Offenheit der Liebe. Diese Sehnsucht ist die Öffnung, durch die man das Auftauchen der göttlichen Liebe spüren kann, die offen wie das Universum lebt. Die grenzenlose Tiefe deiner Liebe kommt durch diese Öffnung des Sehnens ans Licht, wenn du dich vertrauensvoll dem Liebesschmerz öffnest.

Sehnsucht aus tiefem Herzen ist nicht ein Problem, das gelöst werden muss, sondern eine göttliche Zugkraft, sich genau jetzt so weit wie alles für ergebene Hingabe zu öffnen. Mit oder ohne Mann, ob du das Gefühl hast, es wert zu sein oder nicht: Du kannst die Offenheit deines Herzens durch dein Sehnen genau jetzt, so wie du bist, darbieten.

Diese Fähigkeit, deine Liebe offen darzubieten, ist unzerstörbar. Noch so viel Ablehnung oder Verrat können dieses Schenken von Liebe nicht zerstören. Zwar magst du dich immer wieder einmal verletzt, gepeinigt und zerrissen fühlen, wenn dein Mann, deine Freunde oder deine Familie dir ihre Liebe ängstlich verweigern, aber ihre Weigerung muss dich nicht anstacheln, es genauso zu machen. Trotz Ablehnung und Unliebe kannst du dich weiterhin für die ganze Kraft deiner Herzenssehnsucht und für ergebene Hingabe öffnen, auch wenn dein schutzloses Herz die Verletzung fühlt, auch wenn es bei dir und anderen emotional drunter und drüber geht.

Ergebene Liebe ist unaufhaltsam, solange du dich selbst trotz deines Leids weit offen darbietest. Wenn du in einer Beziehung lebst und dein Partner sich wie ein Mistkerl benimmt, könntest du die Sehnsucht der Liebe als nachdrückliche Forderung darbieten: „Ich liebe dich und werde mich nicht mit weniger als mit deinem vollsten Bewusstsein begnügen." Vielleicht schreist du ihn an und dein Zorn lässt die Wände erzittern, aber dein Herz braucht sich trotz deiner Liebesraserei nicht zu verschließen.

Wenn du jemanden ganz liebst, kann es sein, dass dein Herz ganz natürlich mit Wut reagiert, wenn dieser Mensch sich immer wieder weigert, seine tiefsten Gaben darzubieten. Wut kann für dich der tiefste Ausdruck von Liebe sein, wenn die Grenzen, die dein Geliebter sich setzt, und seine gefühllose Weigerung dich frustrieren.

Ob du wütend oder verletzt bist – unter allen und durch *alle* Emotionen –, deine Liebe empfindet in jedem Fall Sehnsucht. Diese unzerstörbare Liebe ist dieselbe Liebe beziehungsweise Offenheit, die sich im Herzen aller Wesen sehnt. Selbst wenn du angespannt oder durcheinander bist, kannst du üben, Körper und Herz hinzugeben, damit du atmend von dieser Liebe geöffnet wirst, die sich in jedermanns Herz sehnt.

4
Die Gabe des Liebesakts

Ich öffne meinen Körper dem Fluss der Liebe am ehesten, wenn ich mich sexuell mit dir öffne. Gewöhnlich ist mein Körper etwas, das ich gebrauche – zum Arbeiten, zum Spielen, um Dinge zu erledigen. Aber wenn ich spüre, dass sich dein Körper für meinen öffnet, erinnert sich mein Körper an die Liebe. Deine sexuelle Hingabe weckt mich für eine Tiefe der Liebe, die ich zu anderen Tageszeiten selten körperlich spüre. Und indem ich mir mit meinem Körper im höchsten Liebesglück Zutritt zu deinem Herzen und deinem Körper verschaffe, öffne ich mich gemeinsam mit dir für Gott. Deine Lust, dich hinzugeben, ist ein Segen für mein Leben und öffnet mich auf eine Art und Weise, die mir neu ist und sich mit jedem Liebesakt vertieft.

Deine Sehnsucht zieht Liebe an und inspiriert Liebe. Wenn du deiner tiefsten Sehnsucht gestattest, sich durch deinen ganzen Körper zu zeigen, wirst du einen tiefgründigen Mann anziehen und inspirieren. Wie würde ein tiefgründiger Mann dich lieben?

Ein tiefgründiger Mann ist des Todes ganz deutlich gewahr: seines Todes, deines Todes, jedermanns Todes. Denn er übt sich immer darin, alles loszulassen, sein Bewusstsein ist frei und er kann ganz bei dir sein. Er kann dich wirklich sehen, er kann dein tiefstes Herz spüren und ganz in dich hineingehen. Als wäre es sein letzter Augenblick auf der Erde mit dir, hat er keine Angst, alles zu verlieren, wenn er seine Liebe voll und ganz schenkt.

Stell dir vor, so ein Mann schläft mit dir. Er kann seinen tiefsten Lebenssinn spüren. Genau jetzt möchte er sich mit dir öffnen und dabei sein Herz vollkommen hingeben. Aus tiefstem Herzen möchte er in dich eindringen, dich nehmen und in Liebe über alle Grenzen hinaus öffnen. Er sieht dir in die Augen und atmet mit dir, während er ganz in dein Herz dringt und sich in der Sehnsucht deines Herzinnersten niederlässt.

Du kannst spüren, dass seine Präsenz dich öffnet. Sein Blick dringt in die verborgene Liebe deines Herzens. Er schenkt dir ein konzentriertes Eindringen göttlicher Präsenz. Die Präsenz maskuliner Liebe dringt tiefer in dich ein, als du dich selbst öffnen könntest.

Du kannst immer noch spüren, wie der Blick deines Partners dein Herz ganz weit aufhält, während seine Hand deinen Körper sanft und zärtlich berührt. Deine Atmung wird tiefer und du kannst spüren, dass dein Partner mit dir atmet. Kein Teil von dir entgeht seiner Achtsamkeit. Wenn sich deine Zehe bewegt, spürt er es. Wenn sich dein Körper verlagert, verlagert er sich mit dir und lässt dich der Forderung seiner vollen Präsenz nicht entkommen. Er weiß, wo er dich berühren und wie er dich lieben muss, denn er lauscht den Wellenbewegungen deines Körpers und der Reaktion deines Herzens.

Du hältst dich nicht zurück. Seine zärtlichen Berührungen und sein machtvoller Blick öffnen dein Begehren. Du willst ihn küssen. Er nimmt deinen Kuss entgegen, rührt sich aber nicht. Er lächelt. Du kannst spüren, dass er dich neckt. Du küsst ihn noch einmal, diesmal heftiger. Wieder lächelt er und verharrt in liebevoller Gleichgültigkeit, obwohl sein Blick und seine Berührungen weiterhin jede deiner Bewegungen begleiten.

Du hältst es nicht mehr aus und rollst dich auf ihn, voller Sehnsucht, dieser Mann, der dich so tief und unbeirrt spürt, möge tiefer in dich eindringen und dich nehmen. Eure weichen Bäuche atmen gemeinsam, während ihr euch in die Augen seht. Seine Augen scheinen endlos zu sein, und dennoch wirken sie auch stählern, intensiv, wie ein Laserstrahl. Und plötzlich fällt er über dich her – du liegst auf dem Rücken und er hält dich unter sich fest.

Du keuchst, als seine Beine die deinen öffnen. Aber er wartet. Er atmet mit dir. Du kannst spüren, wie hart er ist, mit welcher Kraft er seinen Bauch an deinen drückt, während er mit dir atmet, dich mit seiner vollen Atmung öffnet, in dein Herz ein- und wieder ausatmet, während er seinen Bauch in deinen drückt und seine Füße dich auf dem Bett und seine Hände deine Handgelenke festhalten. Er sieht dir in die Augen.

Und noch immer spürt er seinen eigenen Tod, deinen Tod, jedermanns Tod. Er spürt, wie kostbar dieser Augenblick ist, er spürt die zarte Liebe in jedermanns Herz, das Geschenk, in Gestalt eines Mannes und einer Frau geboren zu sein. Er spürt, dass die offene Tiefe der Liebe durch ihn lebt, durch euer beider Gestalten lebt. Über seinen Blick verbindet er sich mit deinem Herzen, während sein Bauch auf dich drückt und dich atmet. Er ist so präsent bei dir, dass du gar nicht anders kannst, als dich noch tiefer zu öffnen und dich unter dem Gewicht seiner schweren Liebe hinzugeben und ihn mit den Beinen in dich hineinzuziehen.

Er blickt auf deine Brüste hinunter. Er lächelt. Du kannst spüren, dass er deine weiblichen Formen bewundert. Er küsst deine Brüste, saugt sanft an deinen Brustwarzen und blickt dir dann in die Augen. Du weißt, wie es ist, wenn ein Mann durch deinen Körper abgelenkt wird, weil er sich auf einen Teil konzentriert und den Rest von dir vergisst. Aber diesmal ist es ganz anders. Die Bewunderung deines Partners für deinen Körper ist offensichtlich, aber die Tiefe seines Fühlens ist es ebenso. Er fühlt und liebt deine Gestalt, aber er fühlt und liebt auch tiefer als deine Gestalt.

Seine Küsse muten eher wie Poesie an, die in dein Herz hineinreicht, ein Liebesgeschenk aus der Tiefe seines Herzens – sorgsam umhegt von seinem Wissen, weil er weiß, dass der Tod unausweichlich ist. Mit seinen Lippen betet er deine Brüste und viel tiefer liegende Stellen an. Du gestattest deinem Körper, auf seine Verehrung zu reagieren. Du schlingst deine geöffneten Schenkel fest um ihn, gibst dich ihm noch leidenschaftlicher hin und stöhnst und bettelst: „Bitte, bitte ...“

Wenn er mit seinem Penis in dich eindringt, reichen Worte für deine Hingabe nicht mehr aus und du gibst als Reaktion auf sein Fordern zusammenhanglose Lustlaute von dir. Er ist immer noch zärtlich, füllt dich aber kräftiger und hart mit seinen fordernden Stößen aus. Dein ganzer Unterleib und dein Bauch öffnen sich völlig, und dein Herz öffnet sich, und aus deiner geöffneten Kehle und deinem geöffneten Mund dringen Liebeslaute. Deine Liebe öffnet sich über die Gestalt deines Partners hinaus.

Er hält in seiner Bewegung inne. Du machst die Augen auf – du wusstest nicht einmal, dass du sie geschlossen hattest – und sein Blick dringt so tief in dich ein wie seine Stöße. Sein Blick ist fordernd, er will mehr von dir, mehr Tiefe, mehr Liebe. Du spürst seine Forderung gern. Noch immer atmet sein Bauch ganz an deinem Bauch und drückt in dich hinein. Wie ein Tänzer, der fehlerfrei tanzt, nimmt er deine Bewegungen mit seinen vorweg. Du fühlst dich von seiner Präsenz bewohnt, er kennt dein Herz tiefer als du selbst.

Um die Lust zu steigern, leistest du Widerstand. Du versuchst, ihn wegzudrücken, dich seinem Griff zu entziehen und seinem Gewicht zu entkommen. Aber er hält dich unter sich fest. Du drückst und drückst, aber er weicht nicht von der Stelle, sondern dringt langsam noch tiefer in dich ein und erfüllt deinen Körper und dein Herz, während er weiterhin mehr Tiefe von dir fordert.

Dann fällt dir auf, dass er in seiner Präsenz ein wenig nachlässt. Denkt er über irgendetwas nach? Hast du etwas falsch gemacht? Du befreist dein Handgelenk und bohrst die Fingernägel in seinen Hintern. Das merkt er. Und wenn er dir jetzt in die Augen sieht, kann er deine Hingabe und deine Sehnsucht nach mehr Tiefe spüren.

Ihm wird bewusst, dass seine Aufmerksamkeit einen Moment lang nachgelassen hat, dein Herz aber immer noch tief wartet. Deine Augen betteln sanft darum, er möge tief in dich eindringen. Mit weniger willst du dich nicht zufriedengeben. Wenn er nur einen Sekundenbruchteil abschweift, weckst du ihn mit deinen Bewegungen, einem Geräusch, einem Klaps. Du bietest dein verletzliches Herz dar, das von seiner Forderung genommen werden will. Deine Sehnsucht ist mit Händen greifbar. Er kann die Sehnsucht deines Herzens an der Art spüren, wie du deine Beine für ihn öffnest, an den Lauten, die du von dir gibst, und an deinen Augen.

Deine Sehnsucht zieht ihn tiefer, und wenn seine Forderung dein Herz befehligt, gibst du dich noch mehr hin. Gemeinsam öffnet ihr euch ohne Ende. Er spürt in dich hinein, gibt dir alles, füllt dich so aus, dass du nichts mehr aufnehmen kannst, er hat sich in deinem ganzen Körper breitgemacht und kennt die Sehnsucht deines Herzinnersten. Er spürt durch dich, spürt sich offen und drückt seine Liebe dennoch so aus, als wäre dies euer letzter Augenblick auf Erden. Seine Präsenz ist so tief und beständig – die Verehrung deiner Gestalt reicht über deine Gestalt bis zur Offenheit des Augenblicks selbst – und du gibst dich ganz natürlich in völligem Vertrauen hin.

Es bleibt nichts übrig als die Liebe, wenn ihr atmet, lebt und euch für alles öffnet.

5
Spiritueller Sexappeal

Das Licht deines Herzens erfüllt mein Leben. Wie alle Männer schaue ich vielleicht einmal einer hübschen Frau nach und rackere mich bei der Arbeit ab, aber dein Herz ist die Quelle des Strahlens, das mein gesamtes Leben inspiriert und meine tiefsten Gaben auf den Plan ruft. Nichts öffnet mein Herz vollständiger, als das Licht der Liebe in deinen Augen zu sehen und deinen Körper zu spüren, der für die Liebe offen ist und mich erwartet. Nichts ist so schön wie die Hingabe deines Herzens und das strahlende Geschenk deiner Ergebenheit. Deine Liebe öffnet mein Herz unendlich weit, selbst wenn ich die Tiefe der Liebe ansonsten vergessen würde.

Ob du mit einem Mann zusammen bist oder nicht, dein Herz sehnt sich nach tieferer Liebe. Oft – aber nicht immer – sehnst du dich nach Liebe in Form eines Mannes. Warum? Und was macht dich oder einen Mann im spirituellen Sinne sexy?

Dein Begehren, von der tiefen Liebe eines Mannes gefordert zu werden, beruht auf der Wahrheit deines Herzens: Du *bist* Liebe. Deine Liebe leuchtet als Licht, und deshalb möchtest du gesehen werden. Deine Liebe zeigt sich als die volle Kraft der Hingabe, deshalb möchtest du mit Leidenschaft genommen werden. In Wahrheit wird dein tiefes Herz genau *jetzt* von Offenheit gefordert und von der Offenheit der Liebe mitgerissen.

Deine Sehnsucht, genommen und geöffnet zu werden, ist einfach das natürliche Gefühl deines Herzens, das *bereits* genommen und geöffnet wird, aber du hast Widerstandsmuster und spürst deshalb die Spannung – die Sehnsucht – zwischen der Offenheit, die, wie du im Innersten weißt, möglich ist, und der Offenheit, die du zulässt.

So wie deine Liebe das Herz eines Mannes öffnen kann, kann ein tiefgründiger Mann dir eine Gelegenheit bieten, dich tiefer zu öffnen.

Auch ohne dich zu berühren, kann ein tiefgründiger Mann dich vor ekstatischer Freude überwältigen und für Gott öffnen – er kann dich für das göttliche Mysterium der Liebe und glückselige Segnung öffnen –, sofern er ganz präsent bei dir ist, dich wirklich sieht, dich spürt, mit seinem liebevollen Begehren in dich eindringt und die sehr verletzliche Tiefe deines Herzens berührt.

Wenn er dir in die Augen sieht, kannst du spüren, wie er in dein Herz eindringt. Seine Präsenz kann so stark, so unerschütterlich und leidenschaftlich und klar sein, dass seine Liebe dich erfasst und sich in dir vertieft. Dein Körper und dein Herz öffnen sich ihm, ergeben sich offen, um seine Liebe zu empfangen, und möchten, dass er noch tiefer in dich geht.

Was dir Vertrauen an einem Mann einflößt, sind seine Integrität, in der Liebe zu dir offen zu sein, und seine starke Präsenz. Wenn seine Aufmerksamkeit abschweift – anscheinend hört er zu, aber seine Augen schießen wie Pfeile durch den Raum und seine Gedanken sind woanders –, verlierst du das Vertrauen in ihn. Dein Körper reagiert auf seine mangelnde Präsenz und Integrität mit Verspannungen, und dein Herz zieht sich zurück, um sich zu schützen.

Doch wenn er seine Aufmerksamkeit nur dir schenkt – du kannst spüren, dass er den Rhythmus deiner Atmung spürt, dich genau da berührt, wo du gern gestreichelt werden möchtest, und deine Bedürfnisse vorausahnt, bevor du sie bemerkst –, dann ergibst du dich ganz natürlich und öffnest dich, um ihn zu empfangen.

Du sehnst dich nach seiner völligen Präsenz und Aufmerksamkeit, welche die Folge seines offenen Gewahrseins, seines freien Bewusstseins sind. Dein Partner ist spirituell sexy, wenn seine Aufmerksamkeit frei ist, wenn er nicht in einen Gedankenwirrwarr und widersprüchliche

Wünsche verstrickt ist, wenn sein ungeteiltes Bewusstsein ganz bei dir sein kann.

Dein Partner ist spirituell sexy, wenn du spüren kannst, dass sein Bewusstsein in seinem *ganzen Körper* quicklebendig und ganz bei deinem ganzen Körper ist. Sein Bauch, seine Beine und Füße sind sehr präsent, nicht nur sein eindringlicher Blick und seine anschwellenden Genitalien, sein Herz spürt dich ganz durch seinen ganzen Körper. Seine ganze Präsenz ist nicht verworren, sondern ehrlich und aufrichtig bei dir, und sein ganzer Körper ist offen, entspannt und stark, weil er die Kraft der bewussten Präsenz besitzt.

Und was findet er an dir spirituell sexy? Es zieht ihn unweigerlich ins Licht deiner Liebe, was sich an deinem ganzen Körper als strahlende Offenheit und ergebene Hingabe zeigt. Wenn du dich in jemanden verliebst, strahlst du mehr und deine Freunde können es sehen. Deine Augen funkeln, deine Wangen glühen, dein Gang verändert sich, er wird weicher, schwungvoller, lebhafter. Licht und Lebensenergie ist die Art, wie die Liebe durch deinen Körper in Erscheinung tritt. Das Strahlen der Liebe, die Energie der Liebe, leuchtet und öffnet sich ganz sichtbar durch deinen ganzen Körper.

Genau die Offenheit dieses Liebeslichts findet dein Partner an dir spirituell sexy. Je mehr du dich vertrauensvoll öffnest und dieses Licht durch dein Liebessehnen darbietest, desto lieber möchte er in dich eindringen und mit deiner wunderbaren Hingabe verschmelzen, und sein präsentes Herz verschmilzt mit deinem Herzen der Liebe. Er möchte in deine ergebene Hingabe eintauchen, dich nehmen und tiefer öffnen, denn dein nicht enden wollendes Sehnen lädt ihn tiefer in die Fülle der Liebe ein.

Deine Fähigkeit, sich im Einssein mit der Präsenz eines Mannes zu öffnen, ist deine spirituelle Fähigkeit zur sexuellen Hingabe. Dein Partner kann spüren, ob du dich mit einer sehnsüchtigen Einladung an ihn, mit deinem Liebeslicht zu verschmelzen und dein Herz zu fordern, offen hingibst oder nicht. Wenn du einem Mann nicht restlos vertraust, wirst du dich ihm natürlich nicht ganz hingeben und dich nicht völlig öffnen.

Frauen, die sich nicht hingeben, ziehen nicht präsente Männer an. Dein Mangel an von Herzen kommender Hingabe und dein Misstrauen werden dazu führen, dass dein Partner weniger präsent und weniger vertrauenswürdig ist. Du und dein Partner rufen beim anderen entweder Offenheit oder Verschlossenheit, entweder Verehrung oder Distanz hervor. Die Tiefe der Sehnsucht, die du schenkst, zieht genau die Tiefe der Präsenz an, die du wahrscheinlich bekommen wirst.

Ein Mann, der ganz präsent bei dir sein könnte – ein Mann, dessen Bewusstsein tief und klar war, weil er seine wahre Bestimmung lebte und sein leidenschaftliches Herz frei von Angst und Unklarheiten war –, so ein Mann wünscht sich genauso eindeutige Hingabe, die ihm durch deinen sehnsüchtigen Körper und dein Herz geschenkt wird. Er möchte, dass du ihm deine Liebe als offene Einladung mit voller Energie durch deinen ganzen Körper schenkst. Du wünschst dir, dass seine völlige Präsenz durch seinen Körper in dein tiefes Herz dringt.

Dein Partner möchte die Liebe aus deinem Gesicht leuchten sehen. Er möchte spüren, wie deine Sehnsucht deinen Körper in Schauern durchläuft und durch dein leidenschaftliches Stöhnen zum Ausdruck kommt.

Du möchtest, dass dein Partner dich wirklich sieht, tief spürt und richtig erkennt. Du sehnst dich nach seiner Forderung, dich so tief zu öffnen, dass deine Hingabe unausweichlich ist und unter dem Zwang der Liebe über dein eigenes Zutun hinausgeht. Dein Herz und dein Körper öffnen sich der Lust des beinahe unerträglichen ergebenen Schenkens: „Ich gehöre dir, nimm mich."

Du wirst dich nur dann offen ergeben, wenn er ganz präsent ist und es sich zur Aufgabe gemacht hat, dein Herz mit der absoluten Integrität seines Seins zu fordern. Und er wird sich nur dann mit seiner Präsenz auf dich einlassen, wenn du bereit bist, dich offen hinzugeben und das Licht und die Ergebenheit deines Herzens als Liebessehnsucht darzubieten.

Seine Präsenz wird nämlich nachlassen – so wie dein Geschenk der Liebesenergie. Du wirst manchmal das Gefühl haben, er gehe nicht auf dich zu, und wirst dich verschließen. Und so lernst du die Kunst,

Liebe zu atmen und dich vertrauensvoll zu öffnen, als würdest du dich öffnen und sexuell mitreißen lassen, mit oder ohne Mann. Jeden Tag kannst du üben, dein Herz und deinen Körper darzubieten, damit Gott ihn fordern kann, und dich nicht mit weniger zufriedengeben.

Deine Hingabe und die Verbindlichkeit deines Partners, wenn ihr einander tiefer öffnet, als ihr es selbst tun würdet, ist eine Kunst, die man in einer Beziehung üben kann. Mit oder ohne Partner kannst du üben, deinen Körper zu öffnen, damit er lustvoll fließt, und gleichzeitig dein Herz als Geschenk der Liebessehnsucht darbieten.

6
ORGASMISCHE LIEBE

Bevor ich verstand, wie ich mich dir gegenüber öffnen kann, versuchte ich, dir Orgasmen zu bescheren, um mir zu bestätigen, dass ich ein guter Liebhaber bin. Aber jetzt wünsche ich mir nur deine Hingabe. Ich möchte, dass deine Herzenslust deinen offenen Körper erschauern lässt und mein Leben mit deiner Liebe durchtränkt. Die Offenheit deines Körpers für den Strom der Liebe zieht mich in dich hinein, und durch die Hingabe deines Herzens werde ich für die Liebe geöffnet, die als das Universum lebt. Ob du bei unserem Liebesakt einen Orgasmus hast oder nicht – das Vertrauen und die ergebene Offenheit deines Körpers ist meine Geheimtür zu tiefstem Liebesglück.

Die Offenheit deines Körpers – deine Fähigkeit, dich mit deinem ganzen Körper offen hinzugeben, so dass dein Herz von der Liebe mitgerissen und genommen werden kann – ist eine Tür zu ekstatischer spiritueller Tiefe, mit oder ohne Mann. Wenn dein Körper sich nicht öffnen kann, kann dein Herz nicht leuchten. Wenn dein Körper sich voller Lust aus deinem Innersten heraus offen hingibt, kannst du dich öffnen und dein ganzes Herz aus deinem Innern nach außen verschenken.

Ein Orgasmus ist eine Form von sexuellem Vergnügen. Vielleicht hattest du noch nie einen Orgasmus, oder du hattest viele. Es spielt eigentlich keine Rolle. Entscheidend ist, dass dein Körper sich in glückseliger Hingabe der Liebe öffnen kann. Wenn dein Schoß verriegelt und deine Vagina verschlossen oder gefühllos ist, kann dein Herz die Liebe nicht umfassend durch deinen Körper zum Ausdruck bringen.

Dich durch orgasmische Hingabe zu öffnen, allein oder mit einem Geliebten, ist unter Umständen eine einzigartige Gelegenheit, deine tiefste Liebe und deine ungehemmte Sehnsucht durch deinen ausdrucksvollen Körper darzubieten.

Klitorale Orgasmen

Vielleicht gibt es einen Mann in deinem Leben, vielleicht auch nicht, aber stelle dir jetzt einmal vor, du wärst mit deinem Liebhaber im Bett. Er streichelt deinen Bauch und liebkost deine Brüste. Er berührt dich sanft an der Innenseite deiner Schenkel und lässt seine Fingerspitzen von deinen Knien zum Schritt hochwandern. Unter liebevollen Streichelbewegungen küsst er dich schließlich zwischen den Beinen. Einfühlsam und geschickt leckt, knabbert und saugt er an deinen empfindlichsten Körperstellen und berührt gleichzeitig auch deine Füße und Beine, deinen Bauch und deine Brüste mit den Händen.

Dein Atem wird kürzer und schneller. Deine Augen schließen sich. Du packst sein Haar und drückst sein Gesicht fest an dich. Während du immer schneller atmest, erfasst ein Orgasmus deinen ganzen Körper, deine Stimme überschlägt sich und wird schrill, dein Gesicht verspannt sich, dein Körper strafft sich und entspannt sich nach einem, zwei oder drei klitoralen Orgasmen.

Das sind die oberflächlichsten Orgasmen, für die man nur wenig emotionales oder spirituelles Vertrauen braucht, wenn überhaupt: Mit einem Vibrator kannst du dir dieses Vergnügen selbst bereiten. Dennoch können klitorale Orgasmen dich darauf vorbereiten, dich noch tiefer zu öffnen und hinzugeben.

Vaginale oder G-Punkt-Orgasmen

Euer Liebesakt dauert nun schon fast eine Stunde, dein Liebhaber stößt immer wieder in dich hinein, sein Körper drückt gegen deinen, während er dich küsst, dich in den Nacken beißt und dich mit seiner liebevollen Stärke kraftvoll unter sich festhält. „Hör nicht auf", stöhnst du, während sich dein Körper entspannt öffnet. Du breitest die Arme seitlich aus, dein Herz geht auf, dein Mund öffnet sich. Dein lang gezogenes Stöhnen kommt tief aus dem Bauch.

Wenn die Wellen einsetzen, wird deine Tonlage tiefer. Du siehst deinem Liebhaber in die Augen, feucht vor verletzlicher Zuneigung, eure Körper lösen sich weich ineinander auf, dein Herz schmilzt dahin. Du holst ihn noch tiefer hinein, indem du ihm deinen Körper öffnest und dich ihm hingibst und dich ihm ganz überlässt. Du läufst zwischen den Beinen aus, deine Vagina packt ihn, saugt ihn aus und zieht ihn noch tiefer hinein.

Sein gleichbleibender Liebesrhythmus schickt ein Schnurren wie bei einer vibrierenden Katze durch deinen Körper. Du öffnest und entspannst dich noch mehr, und Wellen offener Lust beginnen von deiner Vagina durch deinen ganzen Körper auszustrahlen. Wie ein Meer der Offenheit zieht ihn deine Lust noch tiefer hinein. Du bietest ihm dein schutzloses Herz dar. Eure weichen Körper drücken sich aneinander, deine Hüften bewegen sich in unkontrollierbaren Wellen, aus deinem offenen Mund dringen lustvolle Ah-Laute, dein Körper öffnet und ergibt sich Schicht für Schicht so tief, wie du es schon lange nicht mehr erlebt hast.

Der G-Punkt, ein Schwellkörpergewebe in der Mitte der vorderen Scheideninnenwand, ist bei vielen Frauen sehr empfindlich. Wenn du zu G-Punkt-Orgasmen fähig bist, aber noch keinen erlebt hast, können sich in diesem Gewebe viel Spannung, Wut und Schmerz aufstauen. An diesem Teil der Vagina kannst du dich nach deinen Anweisungen massieren lassen – langsamer, fester, sanfter, schneller –, so dass du dich irgendwann so weit entspannst, dass du dich öffnest und von tiefen orgasmischen Wellen mitgerissen wirst. Es kann gut sein, dass dieses schwammige Gewebe dabei auch Flüssigkeiten absondert.

Muttermundorgasmen

Von deinem Muttermund können außergewöhnlich tief gehende Orgasmen ausgehen. Nicht nur dein G-Punkt, auch dein Muttermund kann recht empfindlich sein und bei Berührung schmerzen, wenn du dir nicht regelmäßig ausgiebige Lust in diesem Bereich gestattet hast.

Doch wenn du dich einige Wochen lang im Bereich des Muttermunds massierst oder massieren lässt, öffnet er sich. Und wenn es einen Mann in deinem Leben gibt, stimulieren die Stöße deines Liebhabers diesen Bereich und öffnen ihn, so dass deine emotionale und spirituelle Hingabe dein Liebesglück durch überwältigende Orgasmen verrät.

Wenn ihr eine Stunde lang in inniger Verbundenheit und Leidenschaft sexuell miteinander verschmolzen seid, stell dir vor, das Liebesspiel mit deinem Partner ginge weiter. Er dringt tief, beharrlich, einfallsreich und unnachgiebig in dich ein. Mit seinen kräftigen Händen hält er deine Handgelenke fest, sein Bauch drückt sich fest in deinen, mit sanfter Gewalt dringt er immer wieder in dich ein und öffnet dich, eröffnet Stellen, die du nie offen erlebt hast.

Du fühlst dich gänzlich gefordert, genommen und offen für Gott, ausgelöscht durch sein tiefes Liebesspiel. Du lässt noch tiefer los, stirbst in der Intensität seines Liebesspiels und weinst, als die ganze Liebe dich aufbricht. Sanft wirst du von Glückseligkeit getötet, sanft wirst du von seiner zärtlichen Liebe durchdrungen. Deine Haut löst sich auf. Deine Grenzen schmelzen. Und erneut lässt du, diesmal noch tiefer, etwas los, was du unwissentlich festgehalten hast, tief in deinem Herzen löst sich ein winzig kleiner Griff, der sich ihm und Gott offen hingibt, und deine Tränen fließen.

Du vergisst Anfang und Ende, dein Orgasmus wird immer offener und tiefer. Aus deinen Tiefen kommen Schichten der Hingabe nach oben und dringen durch deinen Körper nach draußen, während er dich penetriert, bis du abhebst. Gemeinsam öffnet ihr euch für so tiefe Liebe, dass alles in der Fülle des Glücks verschwindet; Licht bringt jeden Halt zum Schmelzen, Liebe erfüllt jede Stelle, eine unerträgliche Fülle ergibt sich offen, unaufhörlich, grenzenlos, überfließend, und keine Stelle bleibt ungeöffnet, unberührt oder verborgen.

Dein Orgasmus entfaltet sich immer weiter, wie nie zuvor, und die Liebe öffnet dich in Wellenbewegungen, dein Gesicht ist tränenüberströmt, dein Körper schweißgebadet und strahlend über seine Gestalt hinaus. Du wirst atmend geöffnet in glückseligem Tod, mitgerissen und geöffnet, du kannst es nicht mehr aushalten, eine Kraft, die du so tief im Innern *bist*, öffnet dich, so dass du dich ergibst; das lebendige Liebeslicht, das du schon immer beinahe kanntest, strahlt jetzt ganz intensiv, es öffnet und vernichtet dich in unerträglicher Lust, die Tiefe deines Schoßes packt zu und lässt los, hält fest und lässt los, der Puls des Universums öffnet sich tief zwischen deinen Beinen, er öffnet sich aus der Tiefe deines Bauches, dein Herz gibt sich ganz offen hin, du selbst gibst dich völlig hin und bietest dich in ergebener Hingabe dar.

Tagelang strömt nun das Liebesglück ungehindert durch deinen Körper. Deine Bewegungen sind voller Anmut, dein entspanntes Gesicht leuchtet und strahlt mit dem Fluss der Liebe. Dein Liebhaber und deine Freunde können spüren, dass die Offenheit dieses Orgasmus sich auch weiterhin durch deine Gesten, deinen Gang, den Ausdruck deiner Augen, deinen entspannten Tonfall bemerkbar macht und dich noch lange nach eurer sexuellen Begegnung für die Hingabe öffnet.

Offene Hingabe an den reißenden Strom der Lust kann ein wichtiger Teil davon sein, dich vollständig zu öffnen und der Welt und deinem Partner (falls du in einer Beziehung lebst) deine tiefste Liebe zu schenken. Mit etwas Übung und Geschick, allein oder mit Partner, vertieft sich deine Orgasmusfähigkeit zusammen mit anderen Facetten deiner Fähigkeit, dein tiefstes Herz darzubieten. Im Lauf der Zeit erlebst du womöglich tiefe Orgasmen ohne jegliche sexuelle Stimulierung, einfach beim Tanzen, beim Yoga oder wenn du voll atmest und dich Gott offen darbietest.

Dein Körper ist dafür gebaut, von der Liebe geöffnet zu werden und sich als Liebesgabe zu öffnen. Liebe ist, wer du bist, und Liebe ist die Gabe, die zu schenken du auf der Welt bist. Mit Übung kannst du lernen, im Leben für ergebene Fülle offen zu werden, als würdest du sexuell tief mitgerissen und die umfassenden Gaben deines Herzens durch deinen ganzen Körper darbieten.

Wie würdest du genau jetzt atmen, genau jetzt dasitzen, dich genau jetzt bewegen, wenn sich gerade ein liebevoller, integerer Mann Zutritt zu deinem Körper verschaffen würde, ein Mann, der so tief in dein Herz hineingespürt hat, dass du gezwungen warst, auch dein unmerklichstes Verschlossensein zu offenbaren, und der dich so wunderbar nahm und öffnete, dass du es kaum ertragen konntest, dich mit so viel Liebe und Vertrauen zu öffnen?

Um offen zu leben, kann dein Körper üben, sich sexuell offen zu fühlen, egal ob mit oder ohne körperlichen Orgasmus oder gar Sex. Beim Sex und im Alltag kannst du üben, zu spüren, zu atmen und dich offen darzubieten, als würde die leidenschaftliche Kraft eines göttlichen Liebhabers sexuell in dich eindringen und dein Herz und deinen Körper so weit wie das Strahlen des Universums öffnen.

7
Liebe und Angst

Du und ich, wir beide haben Ausreden dafür,
weshalb wir uns miteinander nicht in Liebe öffnen.
Doch sowohl dein Herz als auch meines sehnt sich
danach, sich zu öffnen und in Liebe eins zu werden.
Ich möchte mit dir folgende Vereinbarung treffen:
Ich werde mein Bestes tun, um mich trotz meiner
Ängste zu öffnen und dich wirklich zu sehen,
zu spüren und dich mit meiner Liebe wie eine Blüte
für Gott zu öffnen. Wirst du mir bei dieser
Vereinbarung entgegenkommen?
Wirst du versprechen, dich zu öffnen und nach
Kräften das Geschenk deiner Liebe darzubieten,
auch wenn du Angst hast oder verletzt bist?
Wenn wir beide uns dazu verpflichten können, uns zu
öffnen, kann unsere Liebe grenzenlos wachsen
und unsere Gaben dürfen erblühen.

Dein geheimes sexuelles Begehren ist es, mitgerissen zu werden, liebevoll gezwungen zu werden, dich in unerträglicher Lust zu öffnen, von einem Mann mit tiefer spiritueller Weisheit, Stärke, Humor, Sensibilität und Integrität ganz für Gott geöffnet zu werden. Aber wahrscheinlich konnten dir frühere Beziehungen deinen tiefsten Wunsch nach der Liebe eines Mannes nicht erfüllen, und wahrscheinlich ist das auch in deiner jetzigen Beziehung so. Warum?

Die Liebe, die tief in deinem Herzen wohnt, ist wahrscheinlich unter Schichten von Frust und Schmerz begraben. Wie haben sich die Schichten um das offene Sehnen deines Herzens verhärtet?

Als junge Frau hast du wahrscheinlich davon geträumt, von einem guten Mann liebevoll *genommen* zu werden, einem Mann, der dich wirklich erkennen und dein Herz umsorgen konnte, einen Mann mit tiefer Integrität, dem du dein Leben anvertrauen konntest – einem Mann, bei dem du darauf vertrauen konntest, dass er dich offen in tiefstes Liebesglück führen würde. Auch jetzt sehnst du dich wahrscheinlich danach, von einem Mann genommen zu werden, der die strahlende Liebe deines tiefsten Herzens wirklich sieht und deinen Körper wirklich kennt, der in Kontakt mit deiner einzigartigen Energie bleibt, wenn sie sich bewegt und verändert.

Manchmal – vielleicht selten – kann dein Geliebter so präsent bei dir sein, dass deine Ängste nachlassen und dein Körper sich öffnet. In diesen magischen Augenblicken gehst du mit deinem Geliebten eine so tiefe Verbindung ein, dass eure Herzen eins werden. Jegliche Trennung wird aufgehoben. Dein Körper wird ihm übergeben und seine zärtliche Stärke öffnet dich weiter, als du es kontrollieren kannst. Vielleicht weinst und zitterst du in seinen Armen, unter seinem Körper, wenn du von seiner Liebe gehalten und von der Kraft seines aufrichtigen Begehrens nach deinem tiefsten Herzen mit Druck geöffnet wirst.

Diese Augenblicke sind etwas Besonderes und Seltenes. Irgendwann betrügt dich dein Partner, entweder weil er eine andere Frau mehr begehrt als dich oder weil seine Liebe oberflächlich und seine sexuelle Bedürftigkeit abstoßend werden. Selbst in Momenten intimer Nähe berührt er dein tiefstes Herz nicht oder versucht es nicht einmal. Du weißt, dass er dich durch seine Liebe öffnen kann, vielleicht mehr, als irgendein anderer Mann es jemals getan hat, und doch nimmt sein Interesse, mit deinem tiefsten Herzen eins zu werden, mit der Zeit ab. Er wendet sich seiner beruflichen Karriere zu, konzentriert sich auf seine Projekte, sitzt vor dem Fernseher oder befriedigt sein Bedürfnis nach oberflächlicher sexueller Entspannung.

Also lernst du allmählich, mit deiner Verletztheit zu leben und für dich selbst zu sorgen. Wenn du dich nicht auf die Liebe eines Mannes verlassen kannst, kannst du dich nur auf dich selbst verlassen. Du lernst, dein Leben in den Griff zu bekommen und aus eigener Kraft an dein Ziel zu gelangen. Aber es fehlt noch etwas, egal wie erfolgreich du beruflich bist oder wie angenehm dein Leben ist. Du sehnst dich noch immer danach, von der echten Liebe eines Mannes genommen, wirklich gesehen und von dem durchdringenden Blick, der Berührung und dem starken Herzensbegehren deines Geliebten geöffnet zu werden.

Insgeheim sehnst du dich noch immer danach, dich einem Mann hinzugeben, der dein Vertrauen verdient hat. Aber du bist ihm noch nicht begegnet – ja, schlimmer noch: Du hast erlebt, dass du, wenn du dich einem Mann ergibst, öffnest und ganz hingibst, irgendwann verletzt wirst. In den seltenen Augenblicken, wo du eingeladen wirst, deine Tiefe zu zeigen, steigt zuerst dein Schmerz hoch und oft verschreckst du am Ende deinen Partner.

Also fängst du an, an der Liebe zu zweifeln. Du verlierst das Vertrauen in die Männer. Du umgibst dein verwundetes Herz mit emotionalen Schutzschichten in der Hoffnung, dadurch weitere Verletzungen zu verhindern. Dein Körper entwickelt Verspannungen, ja Krankheiten, wenn du dich jahrelang nicht hingegeben, keine tiefe Liebe empfangen und dich nicht vollkommen gegeben hast, wie du es doch schon so lange mit jeder Faser deines Seins tun möchtest. Du bist immer angespannt – angespannt, weil niemand auf dich zugeht und du in der Fülle der Liebe, die du bist, nicht wirklich aufgedehnt wirst.

Wenn dich ein Mann dann spürt, spürt er deine Schalen. Deinem Gesicht sieht er die Strapazen an, die du erlebt hast, weil du stunden- oder jahrelang versucht hast, dein Leben in den Griff zu bekommen, während dein tiefstes Herz sich lieber in ekstatischem Vertrauen offen ergeben hätte. An deinem Gang spürt er deine Belastung, weil dir die körperliche Hingabe fehlt; dabei wäre dein tiefes Herz lieber zum Sklaven der Liebe geworden, hätte sich vom reißenden Strom der Liebe kommandieren lassen und wäre gern vor grenzenloser Liebeslust erschauert. Rings um dein Herz spürt er die Warnung „Kein Zutritt" und hütet sich deshalb davor, tief in dein Leben einzutreten.

Nur wenige Männer sind fähig, Zugang zum Herzen einer Frau zu finden und ihren Körper für göttliches Glück zu öffnen, aber auch nur wenige Frauen sind fähig, ihr Herz und ihren Körper darzubieten, damit er auf diese Weise gefordert und damit geöffnet wird. Angst ist das Gefühl, abgelehnt zu werden. Angst ist das Gefühl des Misstrauens. Angst ist die Kontraktion des Herzens, das die Offenheit hinter seine Schutzmauern zurückzieht. Angst ist der Akt der Unliebe, das Leugnen von Liebe, die Weigerung, dich zu öffnen und die Offenheit der Liebe als dein Geschenk darzubieten. Alles, was weniger als ein Leben in totaler Liebe ist, ist Angst.

Angst – die Weigerung, dich für die Liebe zu öffnen – ist der einzige Grund, weshalb dein Sexleben und deine Beziehung alles andere als göttliches Glück sind. Angst bildet Schalen um dein Herz und verschließt deinen Körper, so dass die Liebe nicht tief in dich eindringen, dich fordern, dich öffnen und dir gestatten kann, tiefer als dein Selbstgefühl zu vertrauen. Würdest du der Liebe mehr vertrauen und sie tiefer aufnehmen, würdest du dich ganz automatisch ergeben und öffnen, lebendig wie die stärkste Kraft der Welt, das ergebene Geschenk der Liebe.

Männer haben Angst vor der Liebestiefe einer Frau und der Energie, die sich als weibliche Sexualität und Emotionen bewegt. Und gleichzeitig wollen Männer in diesem Leben nichts sehnlicher, als völlig mit der ergebenen Liebe und wilden Energie einer Frau zu verschmelzen. Nur wenn ein Mann seine Angst überwindet, kann er mit der gewaltigen Liebesenergie einer Frau umgehen, ohne davonzulaufen. Und nur so ein Mann hat dein ergebenes Geschenk in einer festen Intimbeziehung verdient.

Viele Männer können nicht richtig auf dich zugehen. Deshalb sehnen sich dein Herz und dein Körper danach, von wahrer Liebe mitgerissen zu werden; du übertünchst deine Herzenssehnsucht mit einem geschäftigen Leben, mit der Familie, mit Freunden und Ablenkungen. Du lernst, irgendwie zurechtzukommen und Dinge zu erledigen. Du lernst, dich von deiner eigenen Sehnsucht abzuschotten. Du hältst dich mit Arbeiten und To-do-Listen auf Trab. Du konzentrierst dich auf deine finanziellen Ziele oder beschließt vielleicht, dein Leben in den Dienst einer sozialen Sache zu stellen oder einen spirituellen Weg einzuschlagen. Du verbringst Zeit mit Freunden, gehst gern auf Reisen, treibst Sport und sorgst für dich. Und trotzdem empfindet dein Herz Sehnsucht, egal ob du allein bist oder einen Partner hast, der dein Herz nicht tief fordert.

So wie du beschlossen hast, dein Herz aus Angst vor Verletzungen zu schützen, hat sich der Mann, den du anziehst, vielleicht dafür entschieden, sein Leben etwas oberflächlicher zu fordern als es seiner wahren Tiefe entspricht. Er treibt dahin, bindet sich nicht an totale Liebe, weil er Angst hat, etwas zu verlieren, was er für seine Freiheit hält.

Eure Beziehung wird nicht besser funktionieren, weil seine Freiheit trügerisch und deine Liebe verborgen ist, und ihr habt beide Angst. Du bist nicht bereit, dich ohne Schutz ganz darzubieten, und ziehst deshalb einen Mann an, der dich nicht vollkommen fordern kann oder will.

Sich auf die Liebe einzulassen, setzt voraus, dass man sich über seine Ängste hinaus öffnet. Die Bereitschaft deines Geliebten, in deinem Leben wie in seinem eigenen präsent zu sein, dein Herz tief zu spüren und dich mit seiner Forderung für tiefstes Liebesglück zu öffnen, muss wachsen – so wie deine Bereitschaft wachsen muss, dein Leben und dein Herz als Liebe darzubieten, auch wenn du weißt, dass du irgendwann einmal verletzt und hintergangen wirst.

Auch wenn du keinen Geliebten hast oder dein Geliebter deinem Herzen anscheinend nicht mit seiner ganzen liebevollen Präsenz entgegenkommt, kannst du lernen, dein Herz für den Fluss der Liebe offen zu halten. Dein Herz mag wehtun, dein Herz mag sich nach einer Methode sehnen, wie du bei deinem Partner die Liebe tiefer geben und empfangen kannst, aber deine Herzensübung besteht darin, dich entspannt zu öffnen, zu atmen und die Verbindung zu deinem Geliebten und allen Wesen zu spüren. Im Grunde seines Herzens möchte jeder Mensch nur Liebe geben und empfangen.

Du kannst üben, dein Herz der Liebesfülle zuliebe offen zu halten, auch wenn dein Partner dich verletzt, auch wenn du allein bist, auch wenn dir der Schmerz und die Sehnsucht deines Herzens übermächtig erscheinen. Damit die Liebe wirklich voll strömen kann, kannst du deinem Herzen gestatten, sich sehnend zu öffnen und die Liebe tief zu empfangen und darzubieten, ohne dass es sich schützend verschließen muss.

Dann wird dein Leben nicht so sehr von den Bedürfnissen deines Partners oder deinem eigenen Bedürfnis nach Unabhängigkeit gelenkt, sondern vom tiefen weisen Fluss der Liebe, der als du selbst und im Herzen aller Wesen lebendig ist. Du findest weder Erfüllung durch die Aufmerksamkeit eines Mannes noch indem du selbst für dich sorgst, sondern dadurch, dass du dich der Liebe öffnest, jedermanns Herz spürst, dein Herz offen darbietest, so dass die Liebe dich bewegen kann, wie es ihr beliebt, und du dein Leben als Geschenk der Liebe allen schenkst, auch dem Mann deiner Wahl.

Alle Momente in deinem Leben – wenn du ein Geschäft abschließt, dich um deine Kinder kümmerst, mit deinem Geliebten streitest – können ein Tanz sein, der die Liebe zum Vorschein bringt, eine Gelegenheit, dein Herz zu öffnen und dein Leben darzubieten, damit es sich öffnet und mit der Weisheit der Liebe, der Kraft der Liebe und der unvergänglichen Verletzlichkeit der Liebe fließt.

Ein Leben mit offenem Herzen und Körper, die von Liebe bewegt werden, ist deine einzige Möglichkeit, wenn du dein tiefstes Begehren – höchstes Liebesglück zu empfangen und zu geben – erfüllen willst, mit oder ohne Mann.

8
Deine sexuelle Essenz

Ich habe dich aus vielen Gründen zu meiner Geliebten erwählt. Aber am meisten stimuliert mich die Anziehung, die ich für dein feminines Herz empfinde. Ich schätze viele Eigenschaften an dir, etwa deine Intelligenz, deinen Sinn für Humor und deine Einsicht – aber diese Dinge schätze ich auch an meinen engen Freunden, Geschwistern, ja sogar an meinen Arbeitskollegen.

Dein besonderes Geschenk für mich ist die einzigartige Eigenschaft der femininen Liebe, die du schenkst. Deine feminine Essenz erfüllt mein Leben mit einer Liebe, die so vertraut und zärtlich ist, dass mein Herz sich bei deinem Anblick öffnet. Ich begreife, dass du noch viel mehr zu bieten hast, aber dich habe ich zu meiner Geliebten – nicht nur zu meiner Freundin – erwählt, weil das nektargleiche Licht deiner femininen Essenz mein Herz erfüllt und meine Welt durch Schönheit, Inspiration und die grenzenlose Anmut der Liebesfülle erstrahlen lässt.

Du verkörperst maskuline und feminine Eigenschaften, obwohl du sie in deinem Leben zu unterschiedlichen Zeiten vielleicht unterschiedlich gewichtet zum Ausdruck bringst.

Wenn es dir leicht erscheint, auf deine Ziele zuzusteuern, aber schwieriger, mit dem ganzen Körper ekstatisch zu tanzen, dann sind deine maskulinen Eigenschaften wahrscheinlich stärker entwickelt als deine femininen.

Wenn es dir leicht fällt, zu strömen, während du dich mit sinnlicher Lust bewegst – beim Einkaufen, Tanzen, beim Liebesspiel, beim Gespräch mit Freunden –, aber es dir schwieriger erscheint, langfristige Projekte durchzuziehen, dann ist deine feminine Seite wahrscheinlich höher entwickelt als deine maskuline.

Jeder Mensch kann maskuline und feminine Eigenschaften in sich entwickeln. Mit deiner maskulinen Seite kannst du lernen, dein Leben mit großer Klarheit und Disziplin auf ganz konkrete Ziele zu lenken – als eine Art, der Welt dein tiefstes Herz darzubieten. Mit deiner femininen Seite kannst du lernen, liebevoll im Chaos zu fließen – ein Zimmer voll spielender Kinder, eine Freundin, die emotional aufgewühlt ist und weint –, indem du deine ozeangleiche Energie und Fülle als tiefe Liebesgabe deines Herzens darbietest.

Du besitzt zwar sowohl maskuline als auch feminine Eigenschaften und Gaben, aber im Kern hast du eine einzigartige sexuelle Essenz. Deine sexuelle Essenz ist deine sexuelle Identität. Sie hat nichts mit deinem physischen Geschlecht zu tun. Ob Mann oder Frau, deine sexuelle Essenz wird von dem bestimmt, womit dein Herz sich am tiefsten identifiziert: dem Drama vom *veränderlichen Strom der Liebe und dem Tanz des Liebeslichts* oder von der Aufgabe, *unveränderliche und ewige Bewusstseinsfreiheit* zu erlangen.

Identifizierst du dich mehr mit den Gezeiten der Liebe in deinem Herzen oder dem Abenteuer auf dem Weg zur Freiheit? Weinst du im Kino mehr bei Liebesgeschichten oder Filmen, in denen es um Gerechtigkeit, die Überwindung eines Feindes und um die Erlangung von Freiheit geht? Rührt dich eher ein Liebesdrama oder ein Einsatz für Freiheit?

Welche Worte deines Geliebten bringen dich sexuell mehr in Fahrt? Stell dir vor, dein Geliebter sagt: „Ich vertraue dir und deiner Aufgabe und werde dir überallhin folgen." Stell dir jetzt vor, dass er sagt: „Ich liebe dich und schätze die Schönheit des Lichts, das ich in dir sehe, und ich will, dass dein tiefstes Herz mir für immer gehört."

Wenn du eine *maskuline Essenz* hast, bringt dich ein Geliebter in Fahrt, der deiner Zielgerichtetheit so sehr vertraut, dass er sich deiner Forderung gern ergibt, sich der Stärke deiner durchdringenden Liebe ekstatisch unterwirft und dir überallhin folgt.

Wenn du eine *feminine Essenz* hast, bringt dich ein Geliebter in Fahrt, der die Schönheit deines Herzenslichtes sieht und die Tiefe deiner Liebe spürt, der dein strahlendes Herz mit seiner Integrität verehrt und dein Leben mit seiner starken Präsenz leidenschaftlich fordert.

Ein Mensch mit maskuliner Essenz kann nicht genug bekommen von Herausforderungen, der Konfrontation mit dem Tod und der Überwindung schwieriger Situationen, um seine Freiheitsmission erfolgreich zu erfüllen – egal ob es die Suche nach finanzieller, politischer, künstlerischer oder spiritueller Befreiung ist. Selbst wenn ein Mensch mit einer maskulinen Essenz sich Sportereignisse anschaut – ritualisierte Kriege, Herausforderungen und damit Freiheitskämpfe –, kann ihn das emotional so bewegen, dass er während eines Fußballspiels öfter brüllt und schreit als beim Liebesakt. Erkennst du darin eher dich oder eher deine früheren und derzeitigen Geliebten wieder?

Bei den meisten Frauen (aber nicht bei allen) ist die sexuelle Essenz eher feminin als maskulin, obwohl das genaue Verhältnis variiert und jeder Mensch eine einzigartige sexuelle Essenz hat. Es mag zwar sein, dass es dir Spaß macht, deine maskulinen Gaben für den weltlichen Erfolg einzusetzen, aber tief im Innern hast du wahrscheinlich eine eher feminine Essenz, die sich mehr nach dem Strom der Liebe sehnt als nach einem Freiheitskampf – auch wenn du dir über deine wahren Wünsche noch nicht im Klaren bist.

Dein maskulines „Gehen" und dein feminines „Fließen" können Gaben sein, aber du kannst daraus auch Schalen zur Sicherheit und zum Schutz machen, die dich verwirren und verhindern, dass deine wahre sexuelle Essenz deinem Partner, deiner Familie, deinen Freunden und der Welt deine tiefste Liebe und deine tiefsten Gaben darbietet. Unabsichtlich kannst du dich hinter deinem Terminkalender und deinen beruflichen Herausforderungen verschanzen, während deine wahre sexuelle Essenz sich danach sehnt, gesehen und berührt zu werden, dein Körper darauf brennt, genommen zu werden, und das tiefste Herz deiner Liebe unbemerkt bleibt und nicht gegeben wird.

Du kannst den Eindruck erwecken, du seiest angestrengt mit der Frage beschäftigt, *wohin* du im Leben gehst, obwohl du dir ganz tief im Innern vielleicht mehr darüber Gedanken machst, *mit wem* du gehst und *wie* die Liebe fließt. Du kannst dich in den maskulinen Kampf um Freiheit und deine Aufgabe, dich zu befreien, verstricken, auch wenn das tiefe Liebesglück oder sein Fehlen für die Fülle deines femininen Herzens viel zentraler ist.

Deine Sorge um die berufliche Karriere und Unabhängigkeit ist ohne Frage vernünftig, aber deine tiefste Erfüllung sieht vielleicht dem Moment entgegen, wo du riskierst, dein Herz weit zu öffnen, allen Wesen deine strahlende Liebe zu schenken und dich hinzugeben, um gefordert zu werden – von einem integeren Mann, von einer Familie mit geliebten Menschen, von einer Welt, die deine Liebe braucht. Liebe ist die einzige Art zu leben, bei der dein feminines Herz nicht ungesehen, ungegeben, leer und allein bleibt – egal wie erfolgreich du beruflich sein magst.

9
DEIN WAHRES HERZ UND SEINE SCHALEN

Wie jeder Mann oder jede Frau möchte ich manchmal fließen und die feminine Energie genießen, und manchmal will ich nach maskuliner Art schnurstracks und ohne Unterbrechungen auf ein Ziel zugehen. Aber zufällig habe ich eine maskuline Essenz und werde deshalb von dir, einer Geliebten mit femininer Essenz, angezogen.

Ich weiß, was ich sexuell von dir möchte, teure Geliebte. Ich möchte dein feminines Licht sehen und deine Einladung spüren, mit deiner femininen Energie zu verschmelzen. Ich möchte mir Zugang zu deinem femininen Herzen verschaffen und es mit seiner Forderung für Gott öffnen. Ich möchte mich in deiner liebevollen Hingabe einrichten und mich mit dir im Liebesglück öffnen, nicht einfach als Freunde, sondern als Liebespaar, und mich beim Liebesspiel leidenschaftlich mitreißen lassen.

Und doch spüre ich oft, dass du dich verschließt oder mich zurückstößt. Sexuell spüre ich manchmal deine Kälte und deinen Widerstand deutlicher als deine Freude, dich hinzugeben. Ich weiß, dass es manchmal mein Fehler ist. Ich bin gefühllos oder grausam gewesen. Und ich weiß, dass du manchmal einfach zu müde bist, um dich zu öffnen. Aber es gibt Zeiten, da spüre ich, dass dein Herz nicht offen ist, um meine Liebe zu empfangen, selbst wenn du scheinbar voller Energie bist und ich ganz präsent bei dir bin.

Ich möchte mit dir tiefe sexuelle Liebe genießen, möchte aber auch, dass wir beide uns öffnen, allen Menschen zuliebe. Ich möchte, dass unser Schlafzimmer ein Palast des Glücks ist, aber ich möchte auch, dass unsere Herzen jeden Tag ihre Gaben schenken, so dass wir als Erfüllung der Liebe leben, uns immer öffnen, jeden spüren und durch unsere Alltagshandlungen und Beziehungen Liebe machen. Ich möchte, dass du dich für mich öffnest, und möchte dir alles geben, aber ich möchte auch, dass wir beide uns öffnen, spüren und uns jedem jeden Tag darbieten.

Ich hoffe, dass wir gemeinsam unser wahres Herz aus den Käfigen der Angst befreien können. Dann können unsere Körper in sexuellem Entzücken verschmelzen und unsere Stunden können jeden Tag als Liebe kommen und gehen.

Wenn du wie die meisten Frauen bist, wurdest du mit einer eher femininen sexuellen Essenz geboren. Im Herzen identifizierst du dich mehr mit dem veränderlichen Leben als mit dem unabänderlichen Tod – als Kind spieltest du lieber Familienleben als Krieg. Du spieltest sehr gern mit Welpen und Farben, mit Make-up und Düften. An deinen Geburtstagen freutest du dich mehr über Kleidungsstücke und Schmuck als über Waffen und Strategiespiele. Es gefiel dir, gesehen zu werden, weil du mit dem Liebeslicht identisch bist. Alles, was dein Licht schmückt – Pailletten, funkelnder Schmuck und Armreifen –, vermehrt dein Glück.

Als junge Frau hast du vielleicht von maskulinen Rettern geträumt: Pferden, Popstars, weißen Rittern – von jedem Tier oder Menschen, ob real oder erfunden, das oder der dich an neue, magische Orte bringen konnte. Tief im Herzen fühltest du, dass eines Tages ein Mann deine wahre Schönheit, dein wahres Licht, deinen grenzenlosen Ozean der Liebe sehen und dich an den Ort bringen würde, wo du schon immer sein wolltest: offen hingegeben wie der vom Mondlicht überstrahlte Himmel, von deinem Liebsten in das strahlende Reich des Liebesglücks geführt.

Aber irgendwann hattest du wahrscheinlich kein Vertrauen mehr in die Sehnsucht deines femininen Herzens. Vielleicht hast du die antifeminine Einstellung deiner Kultur verinnerlicht. Oder vermutlich legte deine Familie großen Wert auf maskuline Werte.

Warum auch immer: Wahrscheinlich kamst du zu der Überzeugung, es sei besser – stärker –, selbst zu steuern, selbst irgendwohin zu gehen, als darauf zu vertrauen, dass die Liebe dich dorthin bringen würde. Du hast deinen Wunsch verdrängt, gesehen und als Liebeslicht verehrt zu werden. Du bist zu dem Schluss gekommen, dass es wichtiger ist, deinem Leben selbst eine Richtung zu geben, als der unergründlichen Liebesweisheit zu vertrauen, die ganz natürlich aus dem Strahlen deines tiefsten Herzens strömt.

Vielleicht fanden deine Eltern deine kleine Schwester hübscher als dich, so dass du dein zertrampeltes Herz mit einer Schale aus maskulinem Ehrgeiz geschützt hast: „Meine kleine Schwester ist zwar hübsch, aber ich werde mal Wissenschaftlerin!" Vielleicht hast du gespürt, dass deine Mutter von deinem Vater eingeschränkt und herabgesetzt wurde, und hast dein verletzliches Herz mit einer Schale aus maskuliner Kontrolle geschützt: „Niemand wird *mir* vorschreiben, was ich tun soll. Ich werde die Kapitänin meines eigenen Schiffs!"

Wenn du Wissenschaftlerin geworden bist, weil du Wissenschaft liebst, oder beschlossen hast, dein Leben selbst in die Hand zu nehmen, weil dies dein größtes Glück war, dann wären diese Entscheidungen vernünftig und für dein Herz erfüllend. Wenn du aber Wissenschaftlerin geworden bist, weil deine Eltern dein Strahlen nicht sahen und dein Herz zertrampelt war, oder wenn du beschlossen hast, dein Leben selbst zu steuern, weil du nicht wie deine Mutter verletzt werden wolltest, dann hast du dir Schalen aus Angst zugelegt, statt ein Leben zu führen, das von der Offenheit der Liebe bewegt wird.

Wenn du dich vom Kind zum Teenager entwickelst, baust du vielleicht noch eine Schale auf. Du willst, dass sich Jungen für dich interessieren. Doch der anziehende Glanz deines femininen Strahlens bleibt unter deinen Schalen maskuliner Zielgerichtetheit verborgen, die du dir aus Angst zugelegt hast und die dein zertrampeltes, unbeachtetes Herz umgeben. Zu dieser erworbenen maskulinen Schutzschale legst du dir im Lauf der Zeit also noch eine Schale oberflächlicher femininer Ausdrucksweise zu.

Du kaufst die Jeans, die alle beliebten Mädchen in der Schule tragen, betrachtest deinen Hintern prüfend im Spiegel und fragst dich, ob die Jungen aus diesem Grund auf dich stehen werden. Stundenlang kaufst und probierst du nicht nur Kleidungsstücke, sondern auch Schmuck, Düfte und Make-up aus – nicht als liebevolle Verschönerungen deines überfließenden Strahlens, sondern weil du spürst, dass es an Liebe fehlt. Du kommst dir unsichtbar und wertlos vor, weil die maskuline Schale, die du dir als Kind zugelegt hast, die volle Liebe und den wahren Glanz deines Herzens verbirgt.

Dein wahres feminines Herz mit seinem verletzlichen Herzstrahlen – das in der Kindheit zertrampelt oder geleugnet wurde – ist inzwischen von einer maskulinen Schale der Angst umgeben: „Weil mein Liebeslicht unzureichend ist, werde ich mein Leben auf den Erfolg ausrichten, damit ich der Liebe würdig bin.“ Wenn du Teenager bist, kommt eine feminine Schale der Angst hinzu: „Wenn ich meine Oberfläche nicht glänzen lasse, beachten mich die Jungen nicht.“

Schon als Teenager ist bei dir das Liebesstrahlen deiner wahren femininen Essenz hinter einer maskulinen Schale schützender, aggressiver Zielgerichtetheit und einer femininen Schale aus oberflächlichem „Seht her!“, mangelndem Selbstwertgefühl und verdeckter Manipulation männlicher Beachtung verborgen.

Unter all deinen Schalen ist dein tiefes Herz immer voller Liebeslicht. Im Herzen ist deshalb die ekstatischste und ehrlichste Art zu leben die, sich offen als Licht zu zeigen und offen als Liebesgeschenk zu fließen. Aber die Schalen, die du dir zugelegt hast, haben eine eigene Stimme: „Schönheit ist nur oberflächlich.“ „Mein Verstand ist wichtiger als mein Körper.“ „Männern kann ich nicht vertrauen.“ „Wenn ich die Liebe eines Mannes will, muss ich ihn dazu bringen, mich zu begehren.“ „Meine beruflichen Ziele sind für mein Lebensglück wichtiger als die Frage, mit wem ich gehe oder wie viel Liebe ich durch mein Leben und jeden Atemzug darbiete.“

Das sind alles Lügen, und dein tiefes feminines Herz weiß das. Doch du bist so verwirrt, weil deine Schalen sehr dick sein können. Es kann sein, dass du die Lügen deiner Schalen glaubst und deshalb ein Leben lang deinen tiefsten Wunsch verrätst: als Licht erkannt und als Liebesstrahlen bewundert und verehrt zu werden und dich als Liebesgabe darzubieten, die von wahrer göttlicher maskuliner Integrität gefordert und von der tiefsten Liebesforderung deines Herzens für Gott geöffnet und mitgerissen wird.

Vielleicht versuchst du, einem Mann zu vertrauen, und irgendwann verlässt er dich. Wieder fühlst du dich hintergangen und legst dir deshalb, wieder aus Angst, noch eine Schale zu – „unabhängige Karrierefrau“ –, die dich davor schützt, von der Unverbindlichkeit eines Mannes verletzt oder im Regen stehen gelassen zu werden. Falls dein Beruf ein Ausdruck deiner Liebe ist, kann dein Herz durch deinen Beruf voll und ganz dargeboten werden. Wenn du dir aber eine Karriere aufbaust, weil du Angst hast, wieder verletzt und verlassen zu werden, triffst du deine Entscheidungen aus Angst, und deine Karriere wird immer von Zweifeln, Einsamkeit und Stress gezeichnet sein und deinem Herzen keine richtige Erfüllung schenken.

Dein strahlendes feminines Herz der Liebe ist nun möglicherweise von einer Schale maskuliner Forschheit umgeben (weil deine Schwester hübscher war als du oder weil in deiner Familie maskuline Werte wichtiger waren). Über dieser liegt eine Schicht aus femininem Lack (weil die Jungen auf deine Oberfläche schauen), die von einer Schale aus maskulinem Ehrgeiz umgeben ist (weil du Angst hast, wieder finanziell von einem Mann abhängig zu sein).

Es kann sein, dass sich diese Schalen in deinem Körper verfestigt haben, so dass du nur oberflächliche Orgasmen hast und dein Gesicht vor lauter Anspannung Falten bekommt. Diese Schalen bringen deinen Verstand mit widersprüchlichen Wünschen durcheinander, mal dem Wunsch nach Unabhängigkeit und Sicherheit, mal dem Wunsch, von einem gefährlichen Mann weggefegt zu werden oder mal allein erfolgreich zu sein. Diese Schalen blockieren deine wahren emotionalen Neigungen, so dass du den Eindruck hast, dich festgefahren zu haben, gefühllos oder manchmal hysterisch zu sein. Doch dein tiefster Ozean des Liebeslichts zeigt sich nur selten spontan als freie, ungehinderte Wellen aus herzoffenem emotionalem Fließen, sei es mit dem Universum oder mit einem Mann.

Außerdem ziehen deine Schalen Männer mit entsprechenden Schalen an, Männer, die vor langer Zeit den Kontakt zu ihrem tiefen, der Wahrheit, dem Lebenssinn und reiner Liebe verpflichteten maskulinen Herzen verloren haben. Lügenschalen umgeben dein zertrampeltes Herz, so dass du Männer anziehst, deren Herz ebenfalls zertrampelt ist und die von Lügen umgeben sind. Diese Männer belügen nicht nur dich, sondern auch sich selbst. Diese Männer *leben* eine Lüge, genau wie du.

Vermutlich träumst du tief im Herzen davon, mit einem Mann von großer Integrität zusammen zu sein, einem Liebhaber, der so viel Fürsorglichkeit, Stärke, Humor, Weisheit und Liebestiefe besitzt, dass du ihm ganz und gar vertrauen kannst und dich weit offen hingibst, um dich von der mitreißenden Kraft der Liebe noch weiter öffnen zu lassen, damit dein tiefstes Herz Gottes unendlicher Freude ausgeliefert ist und dein Körper in unkontrollierbaren Wellen himmlischen Vergnügens erblüht.

Und dennoch *fühlst* du dich vielleicht ausgeglichener – sowohl von maskulinen als auch femininen Motiven angetrieben –, weil du dein ganzes Leben lang Schritt für Schritt deinen tiefsten Herzenswunsch verraten hast, indem du dir Schalen der Angst zulegtest, die Verwirrung erzeugen und deine tiefste Herzenssehnsucht zunichtemachen.

Eine Schale besteht aus deiner Angst, abhängig zu sein, und treibt dich dazu, eine gewisse emotionale Autonomie und Unabhängigkeit zu erlangen. Eine andere Schale besteht aus deiner Angst, nicht attraktiv genug zu sein, und veranlasst dich, dich mit anderen Frauen zu vergleichen und dich so zu kleiden und so zu handeln, dass du Männer anziehst, obwohl du den meisten Männern sowieso nicht vertrauen würdest, dich einzunehmen. Deshalb schützt du dein Herz und deinen Körper selbst dann, wenn du alles tust, um die Aufmerksamkeit der Männer zu erregen.

Du willst die Freiheit haben, dich nach deinen Wünschen zu kleiden; Männer sollen dich als Person respektieren und nicht wie ein Objekt behandeln; Männer sollen dich sexy finden, aber nicht belästigen; ein Mann soll dir Raum geben und deine eigenen Entscheidungen respektieren; du weißt, dass du zu tiefer Liebe fähig bist; du hältst deine Liebe zurück, weil dein Herz Angst vor weiteren Verletzungen hat; du bewegst deinen Körper mit maskuliner Zielgerichtetheit, um finanzielle Unabhängigkeit zu erlangen; du bist müde und gestresst und unter deinem Misstrauen lechzt dein femininer Körper danach, geliebt zu werden – all deine Schalen verschmelzen miteinander und machen die wahren sexuellen Gaben deiner Essenz zunichte.

Wenn ein Mann dich also spürt, spürt er nicht mehr deine tiefen Liebesgaben, sondern deine Schalen. Er spürt deinen Wunsch nach Unabhängigkeit und deinen Wunsch, begehrt zu werden. Er spürt dein Vorwärtsdrängen und deine Rückzieher. Er spürt Augenblicke, in denen dein Herz sich ergibt, um genommen zu werden, und Augenblicke, in denen deine Schutzmauer dein Herz vor Verletzungen abschirmt.

Wahrscheinlich ist er bezüglich seines tiefsten Lebenssinns genauso verwirrt wie du in Bezug auf deinen tiefsten Wunsch nach Liebe. Statt sich auf eine Liebesbeziehung einzulassen, nach und nach die Schichten deines Widerstands abzuschälen und liebevoll deine wahre sexuelle Essenz zu fordern, damit du dein offenes Herz als göttliche Gabe darbieten kannst, genießt er hin und wieder das, was er bekommen kann, und wendet sich dann einer unkomplizierteren Frau zu; du erweckst ohnehin den Eindruck, sehr an deiner Unabhängigkeit zu hängen.

Vielleicht hast du wirklich eine ausgewogene sexuelle Essenz – wie ein kleiner Prozentsatz der Frauen –, aber wahrscheinlich hast du doch eher eine feminine sexuelle Essenz, die durch viele Schichten erworbener maskuliner und femininer Schalen der Angst zerstört wird, und deshalb stiftest du Verwirrung: Was ist dein tiefster Herzenswunsch?

Sofern du eine feminine sexuelle Essenz hast, möchtest du wirklich gesehen werden, bis ins Herz durchdrungen, für die Liebe geöffnet und vom Licht der Liebe getanzt werden. Du bist der Teil der göttlichen Offenbarung dieses Augenblicks, die sich als das Strahlen der Liebe zeigt, und sehnst dich ganz natürlich danach, glückselig von der vertrauenswürdigen, durchdringenden Präsenz deines Partners tiefer und weiter gebracht zu werden, als du ertragen kannst. Umgekehrt sehnt er sich danach, mit deinem Licht zu verschmelzen. Dieses Sehnen offenbart sich als die eine göttliche Offenheit der Liebe, die sich selbst mithilfe zweier Körper erkennt.

Du möchtest vom Wunsch deines Geliebten, sich Zugang zu dir zu verschaffen und mit deinem Herzen zu verschmelzen, mitgerissen werden, und er möchte von deiner Hingabe, deiner sichtbaren körperlichen Lust und dem Geschenk deines Herzens – genommen, durchdrungen und über die Form hinaus geöffnet zu werden – eingeladen werden. Auf diese Weise werden zwei Körper zu einer einzigen Offenheit der Liebe. Sie verkörpern die göttliche Offenbarung von Bewusstsein und Licht, das sich gegenseitig durchdringende Männliche und Weibliche jedes Augenblicks. Das ist wahrer Sex und wahre Göttlichkeit.

Bei wahrem Sex geht es um die göttliche intime Verbindung, um Verehrung auf Herzensebene, es geht darum, euch für das Liebesglück zu öffnen und euch gegenseitig mit euren tiefsten Gaben zu beschenken. Dieses aus zwei Körpern bestehende sexuelle Geschenk bereitet euch darauf vor, euch weit über euch selbst hinaus zu öffnen, so dass ihr eure tiefsten Gaben jederzeit *allen* Wesen schenken und euch durch *jeden* Körper für das Liebeslicht öffnen könnt.

Mit etwas Übung lernt dein Partner, jeden Augenblick furchtlos und schonungslos offen in die Tiefe der Liebe zu führen, und du lernst, jeden Augenblick vollkommen und tief in deinem Herzen zu empfangen – auf diese Weise wirst du bewusst von göttlicher Präsenz mitgerissen und von der üppigen Fülle des Augenblicks auf angenehme Weise „gezwungen", dich zu öffnen. Du bietest die strahlende Hingabe deines Herzens dar, um als ungehemmte lebendige Liebe die Welt zu erleuchten.

Wenn du dich für das umfassendste Geschenk der Liebe mehr öffnest, genießt du nach Belieben deine berufliche Karriere, deinen Erfolg und die Richtung, die dein Leben nimmt, aber du vergisst dabei nicht deinen *tiefsten* Herzenswunsch – du leugnest nicht mehr die Sehnsucht deines Herzens, Liebe zu geben und zu empfangen, gefordert und für Gottes Tiefe geöffnet zu werden und offen als Liebeslicht durch das Herz aller Wesen dargeboten zu werden.

Irgendwann merkst du, dass Unabhängigkeit eine Übergangsphase ist. Du bist nicht nur für dich selbst verantwortlich, sondern für jeden. Dein Herz öffnet sich ganz natürlich mit anderen Herzen und spürt sie. Dein Herz reagiert ganz natürlich auf die Herzenssehnsucht der anderen. Statt deine eigenen Bedürfnisse zu leugnen oder deine Liebe auf selbstsichere Unabhängigkeit zu begrenzen, wird dir klar, dass du dich mehr als alles andere eigentlich danach sehnst, als ergebene Liebesgabe offen zu leben. Bist du bereit, deine tiefste Herzenssehnsucht und die Sehnsucht in jedermanns Herz zu spüren: Liebe zu empfangen, Liebe zu geben, offen als vollstes Liebeslicht zu leben?

Vielleicht wirst du Firmenchefin, Anwältin oder Bäckerin. Vielleicht willst du eine Familie gründen, eine Schule eröffnen oder eine Organisation leiten. Was du aus deinem Leben machst, ist nicht so wichtig wie die Frage, wie du es lebst: eingesperrt in Schalen der Angst oder weit offen, während du das immense Gewicht von Gottes Liebe bewusst empfängst, vom tiefen Gefühl für die göttliche Intensität und Präsenz jedes Augenblicks bis in den Kern deines Herzens mitgerissen wirst und deine Liebe darbietest, um die Herzen aller Menschen um dich herum zu erleuchten, deinen Liebhaber inbegriffen.

10
Dein Herz darbieten oder es verraten

Sosehr ich dich auch liebe, wir sind nicht allein. Durch die Liebe zu dir habe ich gelernt, mein Herz zu öffnen und jedermanns Herz zu spüren. Die Liebe der anderen ist meine Liebe, so wie deine. Ihr Leiden ist mein Leiden, so wie deines. So wie ich mich darauf eingelassen habe, dich zu lieben und für Gott zu öffnen, treibt es mich dazu, die Welt als meine Geliebte zu fordern und so gut ich kann in sie einzudringen und für Gott zu öffnen.

Manchmal habe ich Angst, mir Zugang zu dir und der Welt zu verschaffen. Ich mache mich ganz klein und suche Zuflucht bei heimlichen Trostspendern. Ich kann deine Reaktion auf meine Gabe oder meinen Mangel spüren. Wenn ich mich klein mache und meine Gaben zurückhalte, zeigt sich Schmerz in deinem Gesicht. Wenn ich durch meine Angst hindurchspüre und alles darbiete, um dich und die Welt für Gott zu öffnen, dann leuchtet dein Gesicht vor Liebesglanz.

Ich sehe alles in dir. Ich sehe meine Angst und meinen Mut, die sich in deinem Gesicht spiegeln, aber ich spüre auch jedermanns Widerstand und

Einladung, die sich in deinem Körper spiegeln. Du bist so sensibel, teure Geliebte. Dein Körper ist so bereit, sich in die Form deiner Umgebung hinein zu öffnen. Aber bei mir und anderen fehlte es dir oft an Liebe. Ich kann spüren, dass die Liebe, die dir jahrelang fehlte, sich noch immer in deinem Körper verhärtet hat, und ich wünsche mir so sehr, zu spüren, wie du dich öffnest und meine Liebe annimmst.

Im Märchen wurde von dir verlangt, zu glauben, dass du nur den richtigen Mann finden und ihm geben müsstest, was er will und braucht, und dafür werde er dich ewig lieben. Aber so funktioniert das nicht. Du kannst nicht von seiner Liebe abhängig sein. Entweder wendet er sich Frauen zu, die er attraktiver findet als dich, oder er bleibt bei dir, dringt aber nicht mehr so tief in dein Herz ein. Vielleicht hat er sogar den Wunsch, dich tief zu lieben, weiß aber nicht, wie.

Dein Geliebter merkt wahrscheinlich nicht, dass du aufgrund seiner oberflächlichen Präsenz ständig leidest. Er sitzt neben dir – oder liegt auf dir – und ist immer noch in seinen eigenen Gedanken, seinen eigenen Empfindungen, seiner netzartigen Welt aus Projekten, Zielen und Plänen gefangen. Das Spektrum seiner Emotionen scheint so eingeschränkt – er ist glücklich, wenn er es im Leben zu etwas bringt, und unglücklich, wenn es ihm nicht gelingt –, und deine Emotionen scheinen so reichhaltig, so weit gespannt und so extrem zu sein. Er läuft davon, wenn du deinen Emotionen freien Lauf lässt. Er kann mit deiner geballten emotionalen Stärke und deinem sexuellen Wunsch nach Tiefe nicht richtig umgehen. Vielleicht hält er dich sogar für verrückt.

Ob ihr beiden euch letztendlich trennt, weil ihr auf etwas Besseres hofft, oder ob ihr zusammenbleibt – äußerlich scheinbar zufrieden, aber innerlich dem Tod nahe und sich nach mehr sehnend –, irgendwann gibst du dich mit weniger zufrieden, als (dein Herz weiß es) möglich ist. Du richtest die Minuten deines Tages nach deiner Arbeit, nach der Sorge um deine Familie und die Gespräche mit Freunden. Und wenn du am Ende des Tages mit deinem Geliebten oder allein im Bett liegst, bist du erschöpft und gestresst, weil du eine Lüge lebst, weil dein Körper nicht in Lust wogt und dein Herz nicht als volles Licht explodiert. Deine tiefste Liebe wartet, wartet ... und verkümmert.

Männer werden unklar und sind weniger präsent

Wenn das Herz deines Partners von Schalen umgeben ist, verliert er die Verbindung zur Wahrheit seines Lebens, seine tiefe Herzensrichtung. Er fängt an, eine Lüge zu leben. Er weiß, dass er weder dir noch der Welt seine tiefste Gabe schenkt. Er weiß, dass er seinen wahren Traum verraten hat. Er gibt sich mit Bequemlichkeit und Sicherheit zufrieden.

Nichts verletzt das Herz eines Mannes mehr als das Gefühl, seinen tiefsten Lebenssinn nicht zu kennen – und wenn er ihn kennt, hat er Angst, ihn auszuleben. Wenn dein Partner so wie die meisten anderen Männer ist, leidet sein tiefes Herz unsäglich – nicht weil ihm in seiner Beziehung die Intimität fehlt, sondern weil er sich verloren fühlt und weiß, dass er sein Leben vergeudet.

Er hat Angst vor dem möglichen Verlust der Bequemlichkeit und Sicherheit, die ihm seine Familie, sein Zuhause, Geld oder Gesundheit bieten, und unterlässt es deshalb, das Einzige zu tun, was seinen Herzschmerz lindern würde: Er hat Angst, sich darauf einzulassen, seine tiefste Wahrheit zu entdecken und seine tiefste Gabe zu enthüllen und dir, seiner Familie und der ganzen Welt kompromisslos seine tiefste Liebe zu geben. Er hat Angst davor, furchtlos zu sein, denn dafür wird er mit allem bezahlen müssen, was er jemals erworben oder gelernt hat.

Ein Mann kann nur dann frei sein, wenn er jeden Augenblick stirbt, alles loslässt, die tiefste Wahrheit seines Herzens spürt und sich dir und jedermann rückhaltlos darbietet. Die Tiefe seines Bewusstseins, die durch seine einzigartigen Gaben zum Ausdruck kommt, ist alles, was er zu geben hat, und das ist alles, was du wirklich willst. Du wünschst dir seine ungeteilte Präsenz, seine echte, aufrichtige Bindung an die Liebe. Er soll sein Herz bloßlegen und es weit öffnen, um deines zu spüren.

Wenn dein Partner dir oder der Welt weniger darbietet als seine tiefste Wahrheit, kannst du es spüren und leidest unter dem Druck, den seine Unklarheit und seine Angst verursachen. Wenn du eine Intimbeziehung mit einem Mann hast, der solch eine Lüge lebt – der ein scheinbar bequemes, sicheres Leben führt, das aber nicht aufrichtig von Herzen kommt –, wie sollst du dich ihm dann sexuell öffnen?

Wie sollst du dich einem Mann, der nicht einmal weiß, was sein Herz wirklich wünscht, vollkommen mit Herz und Körper öffnen? Ganz automatisch verschließen sich dein Herz und dein Körper solch einem Mann, weil sie deine tiefste Offenheit davor bewahren wollen, von den unklaren Vorstößen eines Mannes verletzt zu werden. Selbst wenn du deinen Partner wirklich liebst, stoßen dich auch sein falsches Gesicht und seine fehlende Tiefe, sein fehlendes echtes Engagement und seine fehlende Herzensrichtung ab.

Um zu überleben, hat sich dein Partner wahrscheinlich betäubt, um nicht den entsetzlichen Schmerz, seinen tiefsten Lebenssinn nicht zu kennen, spüren zu müssen. Jahrelang ist er banalen, oberflächlichen Zielen nachgejagt und hat sich mit jedem Erfolg zufriedengegeben, den er erringen konnte. Und doch kannst du spüren, dass er die Orientierung verloren hat, egal als wie erfolgreich er sich bezeichnet.

Du bist äußerst sensibel für sein tiefes Potenzial – seine echten Gaben und sein restlos dargebotenes Herz – und genauso sensibel für seine Selbsttäuschung, die Art, wie er sich selbst belügt, und die Distanz, die er zwischen sich und seinem Herzensbegehren und zwischen sich und deinem Herzensbegehren schafft. Diese Distanz verletzt dich. Seine vorgetäuschte Zufriedenheit verletzt dich. Seine Gefühllosigkeit gegenüber seinem eigenen Leiden und deinem frustriert dich und macht dich irgendwann wütend. Du willst seine Fülle – nicht nur für dich, sondern auch um seinetwillen und allen Wesen zuliebe – und er scheint nicht einmal spüren zu können, wovon du redest.

Wenn ein Mann lieber hinter seinen Schalen der Angst lebt, statt sich zu öffnen und die tiefste Gabe seines Herzens darzubieten, wird sein Bewusstsein schwächer und verschanzt sich hinter einer Gefühllosigkeit, die von Lügen genährt und von oberflächlichem Ehrgeiz am Leben erhalten wird.

Mit der Zeit zieht sich die Präsenz deines Partners in seine eigene kleine Welt zurück. Du kannst ihn nicht mehr bei dir spüren, auch wenn er sexuell in dich eindringt. Natürlich ist euer Sexleben oberflächlich – dein Partner ist oberflächlich geworden und kann es nicht einmal mehr spüren, weil sein Herz so fest in seinen Schalen eingesperrt ist.

Frauen sind körperlich gestresst und verschließen ihr Herz

Damit deinem eigenen Herzen von deinem egoistischen Liebhaber, dem sowohl das Gespür als auch die Achtsamkeit fehlen, nicht versehentlich Gewalt angetan wird, hast du selbst schützende Mauern errichtet. Deine tiefe Vagina widersetzt sich seinen mechanischen Stößen. Dein Herz hat sich gegen seine zusammenhanglosen kritischen, beleidigenden Worte abgeschirmt. Jedes Mal, wenn du versuchst, dich für deinen Partner zu öffnen, wertet er dein Erleben ab, als wären deine Gefühle falsch, krank oder *dein* Problem.

Er fragt, wie du dich fühlst, aber deine Gefühle sind zu gewaltig und zu komplex, als dass sie sich in eine einfache Antwort zwängen ließen. Deshalb misshandelt er dich mit noch mehr Fragen und redet dir ein, du seiest zu abhängig von ihm, du müsstest mehr Verantwortung für dich übernehmen und deine „emotionalen Probleme“ seien deine Angelegenheit und hätten nichts mit ihm zu tun.

Du machst die Erfahrung, dass sein Herz deines ist; die Art, wie er sein Leben lebt – du spürst sofort, worauf er seine Aufmerksamkeit richtet, wenn er nervös ist oder wenn sich sein Tonfall unmerklich verändert –, berührt dein Herz stark. Er scheint fähig zu sein, in einer abgekapselten Welt zu leben, in der er seine Ziele unabhängig von dem, was mit dir geschieht, verfolgen kann. Doch dein Herz steht in direkter Verbindung zu seinem, als wärt ihr beide durch Gefühlsfäden verknüpft, und deshalb schwingt sich dein Herz zusammen mit seinem auf oder sinkt nach unten – und dein Vertrauen genauso.

Dies ist keine Schwäche von dir, auch wenn dein Partner vielleicht versucht, dir einzureden, dass es so ist. Dein feminines Herz ist viel sensibler für den Fluss von Energie und Emotionen als sein maskulines Herz. Ja, dein Herz ist viel empfänglicher für die Tiefe seines Bewusstseins – wie präsent er bei dir und in seinem Leben ist – als er selbst. Er ist unempfindlich für seine mangelnde Präsenz und blind dafür, wie er sein Herz bewusst oberflächlich werden lässt, indem er seine ganze Aufmerksamkeit auf banale, aber ihn völlig in Anspruch nehmende Projekte und Gedanken richtet.

Die Sensibilität deines Herzens kann für ihn eine großartige Gabe sein. Dein Leiden, das du umfassend und rückhaltlos zum Ausdruck bringst, kann ihm etwas darüber sagen, wie sehr sein abgekapseltes, gefühlloses Bewusstsein der ganzen Welt Schmerzen bereitet. Die verletzliche Stärke deines Herzens kann seine tiefsten Gaben anregen und ihn dazu bringen, sich zu öffnen und dir und der Welt ohne Angst seine Liebe zu schenken – denn das ist die Freiheit, nach der er sich zutiefst sehnt. Aber du kannst ihm dabei nur helfen, wenn *du* offen bist.

Aller Wahrscheinlichkeit nach hast du dich nach den oberflächlichen Männern der letzten Jahre verschlossen, um dich vor ständigem Herzschmerz zu schützen. Sonst wärst du verrückt geworden. Immer wenn dein Partner abschweift, sich unwillkürlich kratzt, Zeit vor dem Fernseher vergeudet, vorgibt, dir nah zu sein, eigentlich aber mit seinen eigenen Gedanken und Empfindungen beschäftigt ist – immer wenn dein Partner nicht so präsent bei dir ist oder seine eigene Tiefe verrät, indem er seine Gaben aus Angst und Gefühllosigkeit zurückhält, wird dein Herz zertrampelt.

Deshalb hast du dir vermutlich antrainiert, weniger zu fühlen. Du kannst unter einem Mann liegen, während er dich vögelt, und wenigstens ein bisschen oberflächliche klitorale Lust dabei empfinden – auch wenn es deinem Herzen tragische Schmerzen bereitet, nicht von seiner Gefühlskraft und tiefen Präsenz mitgerissen und für Gott geöffnet zu werden. Du kannst dasitzen und deinem Partner zuhören, während er von seinen blöden Projekten erzählt, ohne dass du laut schreist: „Wach auf! Öffne dein Herz! Du vergeudest dein Leben und bringst mich mit deiner Mittelmäßigkeit um!"

Deine Verletztheit und deine Wut verbergen sich unter Schalen aus kultiviertem Stress: Du gehst deinen eigenen Interessen nach, verbringst Zeit mit deinen Freunden und versuchst, dich bei deinem Partner nicht allzu oft zu beklagen. Würdest du aussprechen, wie du seine Behandlung tatsächlich empfindest, dann würdest du ihn mit deinem lodernden Schmerz entweder verschrecken oder ihm vor Zorn den Kopf abreißen.

Aber wenigstens ist er bereit, sich ein Zuhause mit dir zu teilen, wenigstens führt ihr ein recht gutes Leben, also lohnt es sich nicht, das aufs Spiel zu setzen, was ihr eurem tiefsten Wunsch zuliebe tatsächlich miteinander gemeinsam habt. Du betrügst dein tiefstes Herz genauso wie dein Partner. Du gibst dich mit oberflächlicher Liebe zufrieden, so wie dein Partner sich mit einem oberflächlichen Lebenssinn begnügt. Ihr wisst beide, dass das Leben tiefer sein könnte, haltet aber beide eure tiefsten Liebesgaben zurück und bietet euch einander und der Welt nicht voll dar.

Seine Oberflächlichkeit zeigt sich als Unklarheit, Ziellosigkeit und mangelnde Präsenz. Deine Oberflächlichkeit macht sich körperlich bemerkbar. Deine schützenden Schalen schließen sich buchstäblich um dein Herz, deine Vagina, deinen Bauch – die ganzen verletzlichen weichen Teile deines Fleisches haben sich gegen den Schwall von Beleidigung, Misshandlung und Ablehnung verhärtet, die die ziellosen Stöße deines Partners dir bereiten.

Deine weiblichsten Körperteile werden möglicherweise krank oder verschließen sich zumindest der Lust. Dein wahrer Herzenswunsch wird so tief begraben, dass du dir vielleicht gar nicht mehr erhoffst als eine annehmbare Beziehung. Dein tiefer Wunsch, genommen, mitgerissen, geöffnet und Gott glücklich als grenzenlose Liebe dargeboten zu werden, ist hinter jahrelang erlittener Zerstörung, Frustration und Verrat verschwunden.

Du und dein Partner hoffen nicht mehr, von jemand anderem erfüllt zu werden. Ihr seid über eure Abhängigkeit hinausgewachsen. Aber wahrscheinlich steckst du in einer Phase der Eigenverantwortung. Vermutlich hast du dich narren lassen im Glauben, nur du allein könntest dich glücklich machen. Du bist für dein Glück verantwortlich und dein Geliebter für seines, und es ist für euch ein Zeichen der Schwäche, euer Herz zu verschenken, ohne etwas zurückzuhalten. Das führt ständig zu dem schrecklichen Gefühl, getrennt zu sein.

Abgesehen von deinem Bedürfnis nach Abhängigkeit und Unabhängigkeit kannst du lernen, so zu lieben, dass deine Schalen aufweichen und du dich ohne Schutz öffnest. Dein tiefster Herzenswunsch darf aus deinen Tiefen hochsteigen und deine echte Liebe durch jeden Teil deines Körpers zum Ausdruck bringen. Während du lernst, deine schützenden Schalen behutsam zu öffnen, kannst du dich bewusst mitreißen lassen (was du dir immer gewünscht hast) und deine Liebe allen als Geschenk darbieten.

Wenn du dazu bereit bist, kannst du dich über die Sicherheit hinaus öffnen, die die Verantwortung für nur einen Körper darstellt. Du kannst dich öffnen und als zwei Körper in sexueller Ergebenheit verschmelzen. Du kannst dich öffnen, um alles zu spüren und zu atmen – deinen Geliebten, deine Familie, deine Freunde, jeden – und dabei dein Herz ganz offen darbieten.

Du kannst als göttliche Liebe leben und dich atmend für diesen ganzen Augenblick öffnen. Du kannst dein Leben darbieten, als würde die Präsenz dieses Augenblicks gerade tief in dich eindringen wie die nachdrückliche Forderung eines Geliebten, und dein Körper wird von den ungezügelten Strömungen der Liebe getanzt, dein Herz ist offen wie eine Gabe, und du atmest so weit, wie du sehen und fühlen kannst. Du kannst dich für die Liebe öffnen, die als alles lebt.

11
Liebesspiel mit zwei Körpern

Früher, als ich noch egoistischer war, brauchte ich dich, um mich wohl zu fühlen. Als ich dann offener wurde und mich mehr auf das Wir konzentrierte, wollte ich mit dir ein Team bilden, um gemeinsam mit dir an einem guten Leben für uns und mit unseren Freunden zu arbeiten. Aber jetzt brauche ich deine Liebe in anderer Weise.

Ich genieße es immer noch, mich mit mir, mit dir und unseren Freunden wohl zu fühlen. Aber deine Liebe lädt mich über meine eigenen Gedanken und Emotionen hinaus ein. Deine Hingabe zieht mich sogar noch tiefer an als alle Körper.

Der grenzenlose Ort, auf den deine Liebe Licht wirft, lässt sich nicht mit Worten beschreiben. Hier und jetzt, tiefer als mein eigenes Herz, aber offener als der entfernteste Horizont, den ich sehen kann, weckt deine Liebe eine Offenheit des Glücks.

Dieses Glück unterscheidet sich nicht von anderen Dingen. Meine Füße, dein Lächeln, die Bäume, sie alle sind aus diesem Glück, dieser Offenheit, dieser Liebe gemacht. Es gibt keine Worte für das, was nicht anders als alles andere ist und sich doch tiefer als alles öffnet und sich weiter ausdehnt als alles.

Deine Liebe lädt mich ein, zu dieser Offenheit zu erwachen. Ich sehne mich danach, dich mitzureißen und hier für Gott zu öffnen. Das ist die Offenheit, aus der heraus wir geboren wurden, und die Offenheit, in die wir hineinsterben. Dies ist die Liebe, an die sich unsere beiden Körper mit ihrer Umarmung erinnern, wenn wir unsere Sehnsucht zulassen, uns grenzenlos zu öffnen.

Wenn du eher eine feminine sexuelle Essenz hast, ist deine *Stärke* die Fähigkeit, dich als zwei Körper hingebungsvoll für Gott zu öffnen. Indem du dich sehnsuchtsvoll mit deinem Geliebten öffnest, wirst du *zwei*, die sich als eine Liebe öffnen.

Du bist nicht nur dafür verantwortlich, deinen eigenen Körper zu öffnen, sondern übernimmst Verantwortung dafür, dich zuerst mit deinem Geliebten der Liebe durch zwei Körper und sich ihr dann durch alle Körper zu öffnen. Liebe ist Offenheit. Diese Offenheit wartet sehnsüchtig im Herzen jedes Menschen. Wenn ihr übt, euch als zwei Körper zu öffnen, lernt ihr, diese Sehnsucht in jedermanns Herz zu spüren und zu atmen und euch der Liebe, die das Universum lebt, offen hinzugeben.

Beim Liebesspiel übst du mit deinem Partner, euer Verschlossensein zu überwinden und euch zu öffnen. Deine ergebene Sehnsucht zieht deinen Partner über seine angsterfüllten Schalen hinaus in dich hinein, tief in deinen Körper und dein Herz hinein. Er überwindet sein letztes Festhalten am Getrenntsein und taucht voll und ganz in deine Liebe ein und lenkt deine Hingabe sogar, wenn er sich mit dir auflöst und ihr euch als eine einzige Liebe öffnet.

Wenn ihr euch durch zwei Körper leidenschaftlich als eine einzige Liebe öffnet, entfaltet sich deine Lust. Wellenartig wird deine Hingabe immer tiefer, du öffnest dich weit – nicht für deinen Partner, da ihr beiden nicht getrennt seid, sondern du öffnest dich tiefer als dein Sehnen und weiter und grenzenloser als der Himmel. Seine Liebe, deine Liebe stehen von der Quelle bis zu grenzenloser Offenheit in Flammen. Eure Körper und Herzen öffnen und ergeben sich, um die Offenheit aller Herzen zu spüren und zu atmen, auch wenn orgasmische Wellen unerträglichen Glücks die Liebe noch weiter öffnen.

Noch Tage nach solch einem Liebesspiel vibriert dein Körper von den Schwingungen der Liebe. Dein Unterleib ist entspannt und voll. Dein Gesicht ist weich und leuchtet. Dein Herz ist offen und entspannt, ohne Schalen, und so kannst du die Liebe im Herzen jedes Menschen spüren und atmen.

Gemeinsam, mit zwei hingegebenen Körpern, können du und dein Partner sich oft tiefer öffnen, als es gewöhnlich möglich ist. Deine Liebe fordert seine, und seine Liebe fordert deine. Dein feminines Herz kann eine hingebungsvolle, so einladende Offenheit darbieten, dass dein Geliebter gar nicht anders kann, als seine Angst und Gefühllosigkeit zu überwinden, völlig präsent zu werden und vollkommen integer in dich einzudringen. Sein völlig präsentes maskulines Herz kann dich so tief fordern, dass du gar nicht anders kannst, als dich zu öffnen und dem Liebesglück hinzugeben, und das umfassender, als du es selbst jemals tun würdest.

Der liebende Körper deines Partners ist ein Keil, der dich für Gott öffnen kann. Das Herz deines Partners ist eine Kraft, die dich über deine egoistischen Launen hinaus fordern kann. Wenn du lernst, dich mit deinem Partner zusammen zu öffnen, ist das eine Vorbereitung darauf, dich in liebevoller Gemeinsamkeit mit jedermanns Herzen zu öffnen.

Wenn du lernst, dich mit deinem Geliebten durch die Umarmung zweier Körper zu öffnen und als ein einziges Herz zu atmen, spürst du nach und nach alle Körper als deinen Körper, alle Herzen als ein einziges Herz. Wenn du mit fünf Freundinnen in einem Zimmer sitzt, spürst und atmest du ihre Bedürfnisse, ihre Spannungen, ihr Leid und die Liebe, die sich danach sehnt, über ihre Herzen und Körper zu öffnen. Du wirst automatisch dazu bewogen, ihrer Offenheit mit der deinen zu dienen.

Es ist kein Zeichen von Schwäche, wenn du dir wünschst, von deinem Geliebten gefordert und geöffnet zu werden, sondern du spürst einfach deine tiefste Wahrheit – dein Herz ist dazu da, von allen gefordert zu werden, allen als vollstes Liebeslicht und zarteste sehnsuchtsvolle Offenheit dargeboten zu werden.

Doch da alle Körper einmal sterben, liegt über deiner Intimbeziehung ein Schatten von Traurigkeit. Dein Partner wird dich irgendwann verlassen, hintergehen, ignorieren oder sterben. So oder so wird seine persönliche Präsenz dir nicht mehr das geben, was dein Herz sich am meisten wünscht. Irgendwann wirst du deinen Liebsten verlieren. Deshalb wird eure Zwei-Körper-Liebespraxis von einem Herzen dargeboten, das unter dem drohenden Verlust der Liebe leidet.

Dein Herz kann weiterhin verwundbar und offen sein, bereit, die fehlende Anwesenheit deines Liebsten zu tolerieren, ohne sich zu verschließen und ohne wie ein Kind zu schmollen. Spirituelle und sexuelle Reife erfordern, dass du die Fähigkeit entwickelst, in jedem Augenblick die tiefste Sehnsucht deines Herzens zu spüren, egal ob du einen Geliebten hast oder nicht. Gestattest du dir, dich genau in diesem Moment sehnsuchtsvoll zu öffnen, damit du die göttlichste Tiefe der Liebe deines Herzens spüren kannst? Kannst du der Sehnsucht deines Herzens vertrauen und so, wie du bist, weich werden, damit du jedermanns Herz atmen und spüren kannst, während du deine Liebe allen schenkst?

Dein Partner ist eine vorübergehende Segnung göttlicher Präsenz, eine Form der Gnade. Die Kraft der Liebe wird dir in Gestalt eines Mannes verliehen, damit du üben kannst, die Liebe tief in deinem sehnsüchtigen Herzen zu atmen und zu spüren, während du deinen *ganzen Körper* darbietest, damit er von der Liebe geöffnet und als Liebesgabe gegeben wird.

Besonders deine feminineren Körperteile – die Stellen, an denen du die größte Sehnsucht verspürst, berührt, durchdrungen, gestreichelt oder mitgerissen zu werden – sind die Stellen, an denen du üben kannst, dich entspannt zu öffnen. Dein Nacken, deine Brüste, dein Bauch, deine Vagina, deine Hüften, dein Po, deine Beine, deine Füße – öffne den ganzen Körper und vor allem die sehnsuchtsvollsten und empfänglichsten Stellen. Wenn du deinen Körper entspannst und Liebesenergie in jede Stelle ein- und wieder ausatmest, löst sich deine Verspannung von allein und die Liebe kann dich voller durchströmen.

Suche dir zum Üben eine Beschäftigung wie Tanzen, Yoga oder Masturbieren aus, die dir dabei hilft, dein Herz und deinen Körper dem Fluss der Liebe zu öffnen. Denke bei den Übungen, bei denen du dich mit ganzem Körper hingibst, daran, Liebe in dein Herz, in deinen ganzen Körper, durch jede Pore ein- und wieder auszuatmen.

Du kannst deinem Körper und deinem Herzen gestatten, sich so weit zu öffnen, dass du die Offenheit oder Liebe, die in jedermanns Herz sehnsüchtig wartet, spüren und atmen kannst. Du kannst deine Lust erhöhen, bis Körper und Herz gezwungen sind, sich weiter zu öffnen. Spüre, wie tief du gefordert und von der Liebe genommen werden willst, und wie tief du dich offen ergeben und dich darbieten willst, um genommen zu werden.

Dein Partner spürt dein Herz wahrscheinlich durch die Offenheit deines Körpers, vor allem dadurch, dass du dich ihm sexuell hingibst. Mit verwundetem Herzen, auch wenn du früher betrogen wurdest und erneut betrogen werden wirst, kannst du üben, zu spüren und dich atmend zu öffnen und als Sehnsucht der Liebe lebendig zu sein. Während du durch zwei Körper Liebe machst, kannst du üben, deinen Partner so tief in dich eindringen zu lassen, dass jede Stelle deines Herzens oder Körpers von der Liebe erfasst wird. Und du kannst den ganzen Tag lang üben, die Sehnsucht in jedermanns Herz zu spüren und zu atmen, indem du deinen Körper öffnest, damit er von der Liebe genauso umfassend ergriffen wird.

12
Über die Angst hinaus lieben

Bevor ich dich kennenlernte, wartete ich auf eine Frau, bei der ich mich ganz öffnen konnte. Ich wollte eine Frau haben, die sich mit nichts weniger als der Fülle der Liebe zufriedengibt, ihrer eigenen oder meiner. Und wenn ich mich doch mit weniger zufriedengab, wollte ich eine Frau haben, die mich darauf aufmerksam machte.

Aber ich kann mich jetzt besser für Gott öffnen und möchte mich mit dir öffnen, jetzt, teure Geliebte. Ich bin für dein Vertrauen bereit. Ich lasse mich darauf ein, der Tiefe deiner Liebe zu vertrauen, auch wenn ich weiß, dass du dich manchmal verschließen wirst. Doch ich vertraue immer noch auf die Tiefe deiner Liebe. Ich vertraue darauf, dass du dich auf die Liebe einlässt. Und ich möchte, dass du auch mir vertraust.

Ich brauche die empfindsame Reaktion deines Herzens, damit ich unser Sich-Öffnen zusammen mit der Intuition deines Herzens steuern kann. Außerdem sollst du meiner Verpflichtung und Fähigkeit vertrauen, unsere Herzen offen auf Gott hinzusteuern. Vertraust du meiner Navigation nicht, wäre es mir lieber, du bist nicht bei mir. Du solltest dann lieber mit einem anderen Mann zusammen sein, dem du wirklich zutrauen kannst, dass er dich öffnet. Ich möchte nicht unter deinem Misstrauen leiden – lieber bin ich allein oder mit einer Frau zusammen, die mich zu meiner Fähigkeit, uns tanzend ins Glück hineinzusteuern, inspiriert hat und darauf vertraut. Ich möchte mit einer Frau zusammen sein, die mir so sehr vertraut, dass sie sich mit mir öffnet und Gott hingibt.

Wenn du mir nicht zutraust, dass ich uns in enger Verbindung mit deinem Herzen öffnen und steuern kann, dann geh und such dir einen Mann, der deines Vertrauens würdig ist. Doch wenn ich dich tatsächlich tiefer öffne, als du dich selbst geöffnet hast, dann gib dich mir hin, vertraue mir dein Herz an, damit ich dich öffnen darf und über mein eigenes Zögern hinaus von der Tiefe deiner Liebe und der Kraft deiner Sehnsucht ermutigt werde.

Wenn dein verletztes Herz dich dazu veranlasst, dich zu verschließen oder zu schützen, bist du nicht mehr in der Lage, die Präsenz deines Partners zu empfangen – oder die göttliche Präsenz, für die er den Keil liefert. Ungeöffnet und nicht gefordert fühlst du dich innerlich leer und frustriert. Du versuchst, das Loch deiner Sehnsucht zu stopfen. Du isst, arbeitest, gehst einkaufen, plauderst und versuchst, deine Sehnsucht mit oberflächlichem Sex oder Süßigkeiten zufriedenzustellen. Die Macht deiner Herzenssehnsucht wird von Schalen der Angst blockiert, und deshalb gibst du dich mit weniger zufrieden als deinem tiefsten Herzensbegehr, Liebe zu geben und zu empfangen.

Dein Sehnen ist entweder aufrichtig tief oder du begnügst dich mit etwas, das dich nicht wirklich erfüllen kann. Solange du bereit bist, dich zu begnügen – mit einem guten, aber nicht großartigen Mann, mit einer Karriere und netten Ferien, mit neuen Möbeln und schicken Restaurants –, wirst du nie gewillt sein, die verletzliche Tiefe zu ertragen, die dein Herz braucht, um sich zu öffnen, um von der göttlichen Präsenz der Liebe genommen zu werden.

Du nimmst vorlieb mit Dingen, die von deiner Angst diktiert werden.

Mag sein, dass du Angst hast, ohne die Unterstützung eines Mannes dazustehen; deshalb begnügst du dich mit dem Mann, der dich bisher am tiefsten geliebt hat. Möglicherweise ist seine Liebe nicht unerschütterlich. Mag sein, dass er es mit der Integrität nicht so genau nimmt. Vielleicht zeigt er kein eindeutiges Engagement. Aber er sagt, dass er dich liebt, du liebst ihn, und ihr verbringt ja tatsächlich ein paar sehr schöne Momente miteinander.

Und so gibst du dich mit einer mittelmäßigen Beziehung zufrieden, weil du Angst vor dem *Alleinsein* hast. Du stopfst die Sehnsucht deines Herzens mit einem passenden, aber nicht hundertprozentig vertrauenswürdigen Mann.

Wenn du über deine Abhängigkeit von einem Mann hinauswächst, überlegst du dir vielleicht, dich mit einem unabhängigen Leben zufriedenzugeben, *weil du Angst hast, dich auf die Unterstützung eines Mannes zu verlassen*.

Vielleicht beschließt du, allein zu leben, oder du lebst deine Unabhängigkeit in einer so genannten „eigenverantwortlichen", auf Gleichheit beruhenden Beziehung mit einem Mann aus, der dir den Raum gibt, zu tun, was du willst, und für dich selbst zu sorgen.

So ein Mann ist unbedenklich; du weißt, dass er dir nicht körperlich wehtun wird, und er spricht mit dir sensibel über seine Gefühle. Und trotzdem würdest du ihm nicht trauen und dich ihm von Herzen hingeben. Du kannst dich ihm nicht vollkommen hingeben, weil ihm die Tiefe fehlt, dich umfassend kennenzulernen und für Gott zu öffnen. Er ist vielleicht ein Partner, mit dem du gut Kinder aufziehen und ein angenehmes Zuhause einrichten kannst, aber er öffnet dich nur selten schockartig für Gott und reißt dich nur selten liebevoll mit.

Er ist nicht gefährlich genug, um dich wegzufegen. Er ist sich seines Lebenssinns nicht sicher genug, um dich in völligem Vertrauen zu öffnen. Er ist ein guter, aber kein großartiger Mann. Du hast Angst, die gewohnten Sicherheiten und Annehmlichkeiten zu verlieren, und begnügst dich mit den Vorteilen, die das Leben mit einem Mann bietet, der dich respektiert und sich nach deinen Plänen richtet. Du weißt, dass das Leben mehr zu bieten hat, dein Herz sehnt sich nach tieferer Hingabe, aber du wirst dir wohl kaum eingestehen, wie sehnlich du von einer Kraft, die stärker ist als du selbst, gefordert und in Liebe über deinen eigenen Widerstand hinaus geöffnet, in einer Ekstase mitgerissen werden möchtest, die herzenswahrer ist als der Trost, den dir deine Sicherheitsvorkehrungen geben. Schließlich wächst du auch über ängstliche Unabhängigkeit hinaus. Du hast keine Angst mehr zuzugeben, dass du einen Mann willst, dem du zutraust, dein Herz weiter zu öffnen als du selbst. Dein Herz möchte sehnsüchtig von einem Mann genommen und geöffnet werden, dessen Tiefe und Integrität dein Herz besser dazu bringen, sich zu öffnen, als du dich selbst lenken kannst. Du erkennst, dass du nicht schwach bist; du kannst dein Leben – in finanzieller, gesellschaftlicher, künstlerischer Hinsicht – wunderbar selbst steuern. Aber diese Art der Selbststeuerung auf der Oberfläche deines Lebens entspricht nicht deiner tiefsten Lust. Wenn du die Offenheit deines Herzens steuerst, kannst du nicht die ekstatische Hingabe erleben, nach der dein Herz sich sehnt.

Egal wie erfolgreich du im Leben bist, du sehnst dich danach, mit einem Mann zu verschmelzen, der dich durch seine tiefe und authentische Forderung, sein sanftes, aber beharrliches Kommando nehmen und über deine Schalen hinaus öffnen kann – das gefährliche Verlangen eines Mannes, der sich mit nichts weniger zufriedengeben wird als mit deiner totalen Herzenshingabe.

Er ist gewillt, dich gewaltsam für Gott zu öffnen, mit einem Lächeln in deinen Widerstand einzudringen, dein Herz hinter deinen verschränkten Armen hervorzulocken, dich mitzureißen und zu öffnen – besonders wenn du aufgrund deiner gewohnten Ängste und deines kindlichen Schmollens weiterhin verschlossen bleiben würdest.

Du darfst nicht darauf vertrauen, dass er dir Raum gibt, aber du kannst darauf vertrauen, dass ihn dein Widerstand zum Entgleisen bringt. Sein offener Zug fährt direkt dorthin, wo du hinwillst, und er umarmt deine Weigerung mit demselben Humor und derselben unfehlbaren Beharrlichkeit, mit der er alle Veränderungen im Leben umarmt.

Erbarmungslos, humorvoll, entschlossen bringt er dich dorthin, wo sich dein Herz am sehnlichsten öffnen möchte, und nimmt deinen Widerstand nicht ernst. Du willst mehr Raum? Du willst allein gelassen werden, damit du deinen Launen und deiner Verschlossenheit frönen kannst? Dann ist er der falsche Mann. Dein Partner kann dein Herz unfehlbarer öffnen als du, und das weißt du auch. Deine Weigerung ist nur ein dramatischer Moment; früher oder später erkennst du, dass deine Lust darin besteht, sich der Sicherheit seines liebevollen Kommandos zu ergeben.

Irgendwann bist du bereit, dich nur noch auf einen Mann einzulassen, dessen herzöffnender Führung du *mehr vertraust als deiner eigenen*. Du willst dich nur noch mit einem Mann zufriedengeben, dem du dich hingeben kannst, weil du weißt, dass die göttliche Liebe dich durch seine sichere Forderung tiefer und nachhaltiger öffnet, als du dich je hast öffnen können. Deine Liebe ist inzwischen groß genug, um Verehrung in Form zweier Körper einzubeziehen.

Dein Wissen um die Liebe ist umfassender als die Angst einer Frau, die sich selbst lenkt. Du weißt, dass nichts verloren ist – und du göttliche Fülle gewinnst –, wenn du dein wahres ergebenes Liebeslicht einem Mann darbietest, der dir das Geschenk macht, dich mit ganzem Herzen mitzureißen. Gemeinsam öffnet ihr euch dann umfassender und mehr im Einklang, als jeder Einzelne von euch sich öffnen würde. Offenheit ist Liebe. Dieselbe sehnsüchtige Liebe öffnet sich für jedermanns Herz. Deine Verpflichtung, sich durch zwei Körper für Gott zu öffnen, bereitet dich darauf vor, dich dieser Liebe zu öffnen, die im Herzen aller Körper lebendig ist.

13
Vertraue darauf, dass dein Partner dich öffnet

Teure Geliebte, du hast mir von den Männern erzählt, mit denen du früher zusammen warst. Du hat mir erzählt, weshalb du sie verlassen hast oder warum sie dich verlassen haben. Wenn ich mir anhöre, wie du über manche von ihnen sprichst, kann ich dein Misstrauen Männern gegenüber verstehen. Ich kann verstehen, warum du mir deine Liebe manchmal vorenthältst und dich nicht traust, mir dein Herz und deinen Körper weit offen hinzugeben.

Aber ich frage mich auch: Weshalb hast du mich ausgesucht, wenn du mir eigentlich nicht vertraust? Ich will damit sagen: Ist dein Misstrauen nur ein Überbleibsel von Spannungen aus deiner Vergangenheit? Warum hast du dir diese anderen Männer ausgesucht, Männer, die dir in der Vergangenheit aus dem einen oder anderen Grund nicht gestatten konnten, dich sehnsuchtsvoll hinzugeben und dich ohne den Druck des Misstrauens als Liebesgeschenk zu öffnen?

Du hast mir erzählt, wie sehr du dich danach sehnst, dich einem Mann, dem du vertrauen kannst,

hinzugeben und dich für ihn zu öffnen.
Ich hoffe, ich kann dieser Mann sein. Ich werde mit
dir üben, damit unsere Liebe sich weiterhin über die
Angst hinaus vertieft, die noch in uns steckt. Doch
selbst wenn wir üben, uns gemeinsam zu öffnen,
spüre ich manchmal, dass du dich mir verschließt,
und ich frage mich: Willst du bei mir bleiben,
auch wenn du mir nicht zutraust,
dass ich dich für Gott öffnen kann?

Dein Geliebter ist aus Liebe bei dir; er möchte, dass du seine maskuline Liebe annimmst und möchte deine feminine Liebe annehmen. Er möchte, dass du seiner Gabe, der Herzensrichtung, mehr als der deinen vertraust, und du möchtest, dass er deine Gabe, das Herzenslicht, mehr als sein eigenes zu schätzen weiß – es würde dich verstören, wenn er mehr Zeit vor dem Spiegel verbringt und den Glanz seines Körpers mehr bewundert als deinen.

Du willst, dass er die strahlende Schönheit deines Körpers und dein Herzenslicht göttlicher Liebe bemerkt – ja eigentlich verehrt –, und er möchte, dass du es anerkennst und ehrst, dass sein Herz dich spirituell und sexuell mitreißt und für Gott öffnet. Diese Hingabe in Form zweier Körper funktioniert nur, wenn zwei Körper besser als einer sind; wenn du von seinem tiefen Kommando und seiner Herzensrichtung weiter geöffnet wirst als durch eigene Anstrengungen, und er wird mehr geöffnet, wenn er tiefer in dein ergebenes Herz hineingezogen wird, als sein Verschlossensein es sonst zuließe.

Wenn du deinem Partner nicht zutraust – *mehr als du dir selbst zutraust* –, dass er dich öffnen und dorthin bringen kann, wo du spirituell und sexuell hinwillst –, wirst du dich mit ihm nicht völlig öffnen und solltest es auch nicht. Wenn ihm sein eigenes Strahlen wichtiger ist als deines und es dir wichtiger ist, sich der Führung deines Herzens zu ergeben und nicht der seinen, dann seid ihr beide noch zu sehr mit euch selbst beschäftigt, um euch mit euren tiefsten Gaben zu beschenken und grenzenlos zu öffnen.

Deine Unabhängigkeit wird seine Unabhängigkeit auf den Plan rufen, er wird Wege finden, um feminines Strahlen auch ohne dich zu bekommen. Er wird Zeit im Strahlen der Natur verbringen – beim Surfen, Wandern, Skifahren – oder sich lieber bei energiegeladener Musik oder einem tröstenden Bier entspannen statt mit deinem Herzen, das ihm nicht vertraut.

Aufgrund deiner Schalen des Misstrauens hast du dir vielleicht einen Mann ausgesucht, der deinen Körper und dein Herz *nicht* besser lenken und für Gott öffnen kann als du selbst und dir die Richtung nicht so zu weisen vermag, dass die Fülle der Liebe ungehindert fließt. Vielleicht kannst du dich wirklich besser öffnen, als er dich öffnen kann. Dann solltest du deiner eigenen Führung mehr vertrauen als seiner.

Doch wenn du mit so einem Mann zusammen bist, dann hast du ihn dir *ausgesucht*. Wahrscheinlich misstraust du inzwischen von außen kommender maskuliner Führung – mag sein, dass du dieses Misstrauen von deinen Eltern geerbt hast, die schlechte Erfahrungen machten, oder weil du erst kürzlich betrogen wurdest –, und hast dich deshalb für einen Mann entschieden, der dein angstvolles Bedürfnis, dein eigenes Leben zu lenken, rechtfertigt.

Dein Partner wird dein mangelndes Vertrauen spüren und du wirst die Schwäche seines liebevollen Kommandos in deinem Leben spüren. Ihr könnt euch wie zwei unabhängige, eigenverantwortliche Menschen lieben, aber du wirst dich niemals dem höchsten Liebesglück ergeben, und er nie völlig verbindlich sein, wenn er dein Herz fordert. Da bleibst du lieber in einer sicheren, aus zwei eigenständigen, autonomen Menschen bestehenden Beziehung, als Ergebenheit für einen Mann vorzutäuschen, dessen Führung du weniger als deiner eigenen vertraust.

Doch wenn du bereit bist, eine Liebe zu leben, die größer ist als ein einziger Körper; wenn du bereit bist, der tiefen Präsenz eines Mannes über egoistische Launen hinaus, mit denen du dich schützen willst, zu vertrauen, dann bist du bereit, die Kunst zu üben, deine femininen Gaben *vollkommen* darzubieten und dadurch die maskulinen Gaben deines Geliebten voll zu erwidern. Deine von Herzen kommende Ergebenheit inspiriert sein tiefes Bewusstsein dazu, sich durch seine Ängste hindurch mehr zu öffnen, als er sich selbst öffnen würde.

Man zieht immer seinen Gegenpol an. Eine Frau, die das tiefe maskuline Bewusstsein eines Mannes verehrt, zieht einen Mann an – und inspiriert ihn –, der ihr Herz ergebenen femininen Strahlens verehrt. Durch die Offenheit, die ihr durch eure Verehrung jeweils im anderen hervorruft, könnt ihr weit über euren Körper hinaus lieben, ja weiter als eure Zwei-Körper-Ekstase, indem ihr eure Liebe nach draußen in die Unendlichkeit entfaltet, die Sehnsucht jedes Herzens spürt und euch atmend weiter öffnet als Mond, Sonne und Sterne. Eure sexuelle Umarmung kann euch durch die liebevolle Verehrung maskulinen Bewusstseins und femininen Lichts öffnen.

14
Du ziehst deinen Gegenpol an

Wenn ich die Offenheit deines Herzens spüre, kann ich fühlen, wie verschlossen ich gegenüber der Liebe gewesen bin. Die Weichheit deines Körpers lädt mich ein, mich entspannt zu öffnen und dich zu spüren. Und wenn ich dich spüre, ruft die Tiefe deiner Sehnsucht die Tiefe meines Begehrens nach dir. Ich möchte so tief und leidenschaftlich in dich eindringen, wie dein Herz, das spüre ich, sich danach sehnt, durchdrungen zu werden, und ich möchte dich mit meiner Liebe noch tiefer öffnen.

Aber wenn dein sehnsüchtiges Herz sich hinter der verspannten Hülle deines Körpers versteckt, fällt es mir leicht, auf meine Art weiterzumachen, meine Pflichten zu erfüllen, meine Aufgaben zu erledigen oder mich allein zu erholen, ohne dich. Ich kann das Licht deines Herzens durch dein schroffes Verhalten nicht richtig sehen. Ich kann die Liebessehnsucht deines Herzens nicht richtig spüren, nur deinen Wunsch, etwas zu erledigen. Ich nehme an, du willst allein gelassen werden, um das zu tun, was du tun musst. Also berühre ich deinen hastenden Körper nicht und lasse meine Liebe nicht in deine geschäftige Schale einsickern.

Ich habe gelernt, dass dein Herz, auch wenn du es nicht zeigst, unter deinen überstürzten Handlungen manchmal wirklich nicht von meiner Liebe berührt werden will. Deshalb habe ich gelernt, mir einen Moment Zeit zu nehmen und mit dir zum richtigen Zeitpunkt das Tempo herunterzufahren, meine Liebe in dich zu drücken, bis du weich wirst und dein Herz öffnest, bevor du dich wieder deinen Tagesgeschäften zuwendest. Und du, teure Geliebte, hast gelernt, dasselbe für mich zu tun.

Aber ich frage mich, ob du merkst, wie sehr deine derzeitige Stimmung meinen Herzenswunsch, in dich einzudringen, und das Begehren meines Körpers, dich in Liebe zu berühren, beeinflusst. Dein sehnsüchtiges Herz eröffnet eine Liebestiefe in meinem ansonsten oberflächlichen Tag und ruft mich auf, in dein tiefes Sehnen hineinzuspüren, und weckt in mir den Wunsch, mich mit dir in liebevoller Hingabe zu öffnen.

Aber wenn ich nur deinen verspannten Körper spüren kann, gleicht deine Gesellschaft eher dem Stress, der mir zu schaffen macht. Ich bin zwar bereit, dich so tief ich kann mit meiner Liebe zu öffnen, auch wenn du verschlossen bist, aber die Tiefe meines leidenschaftlichen Begehrens für dich wird durch die Fülle deines Sehnens wachgerufen, das du zu jedem Augenblick durch die vertrauensvolle Hingabe deines Körpers zeigst, der für die Liebe offen ist.

Falls es in deinem Leben keinen Mann gibt, der dein Herz mit seiner Liebe fordert und dich für Gott öffnet, bietest du wahrscheinlich dein Herz nicht an, damit es umfassend gefordert werden kann, während du deinen Körper öffnest, damit er im Liebesglück fließt – genau jetzt. Du ziehst immer einen Mann an und inspirierst ihn, der sich genauso tief darauf eingelassen hat wie du, sich in Liebe zu öffnen – genau jetzt –, und das bedeutet, dass ein Mann genauso aktiv präsent sein wird, wie du aktiv deine Liebe ausstrahlst und deiner Sehnsucht gestattest, sich in seiner Gesellschaft und wenn du allein bist zu öffnen.

Wie umfassend öffnet sich dein sehnsuchtsvolles Herz genau jetzt? Wie tief ist dein Wunsch, die Sehnsucht deines Herzens möge erfüllt werden? Wie aktiv erlaubst du der Liebessehnsucht, sich durch deine Füße, deine Schenkel, deinen Nacken zu öffnen? Sind dein Herz und dein Bauch jetzt so offen, als würdest du mit einem vertrauten Liebhaber Liebe machen und dabei die Herzen aller Wesen einatmen? Wahrscheinlich nicht. Es ist wohl eher so, dass dein Herz sich nicht ergeben ausgeliefert hat und dein Körper nicht vor Sehnsucht nach Liebeslust zerfließt. Deshalb wirst du einen Mann anziehen, der weniger präsent ist, als dein Herz es sich eigentlich wünscht.

Tief im Herzen möchtest du vermutlich mit einem Mann zusammen sein, der *völlig* präsent bei dir sein könnte, wenn ihr zusammen seid, so als würde er Liebe mit dir machen, sogar beim Abendessen oder bei einem Spaziergang. Um so einen Mann anzuziehen, um seine Fülle wachzurufen, musst du deine Fülle darbieten. Seine Präsenz und die Darbietung deiner Herzenssehnsucht gehen Hand in Hand; er schweift ab, wenn du dich verschließt, und du verschließt dich, wenn er abschweift. Er will dich fordern, wenn du ihm vertraust, indem du sein Bewusstsein verehrst. Und du öffnest dich und bietest ihm deine Sehnsucht und deine Hingabe an, wenn du spürst, dass er dich tief fordert und dein Herz verehrt.

Falls du derzeit keine Beziehung mit solch einem Mann führst, dann spüre dich selbst: Öffnest du dich genau jetzt und atmest die Liebe, die im Herzen aller Wesen strömt, spürst du ihr Leid und ihre Freude? Öffnest du dich bewusst, atmest du bewusst, und nimmst du die Liebeskraft dieses Augenblicks bewusst in deinen Körper und dein Herz auf – so als ob du deinen Geliebten tief in dich aufnehmen würdest und ihm deine verletzlichste Sehnsucht nach weiblicher Ergebenheit und die ungezügelten Gaben deiner Energie darbieten würdest?

Sofern du deine tiefste Herzenssehnsucht darbietest, wirst du die tiefste Präsenz eines Mannes anziehen und inspirieren, genau jetzt. Wenn du dein Herz nur unter Vorbehalt hingibst und deine Körperenergie nur spärlich fließt, wirst du in diesem Augenblick einen Mann anziehen und inspirieren, der sich in seiner Präsenz leicht ablenken lässt und dessen Herz sich nicht aufgerufen fühlt, dich tief zu spüren.

Wie öffnest du dich jetzt? Atme zunächst tief ein und fülle deinen Bauch dabei mit der Kraft deines Atems. Atme dann aus und lasse alle Spannungen los. Atme durch jeden Körperteil tief ein und aus. Atme durch deine Füße ein und aus, so dass deine Zehen wackeln und du jeden Körperteil immer weiter öffnest: Deine Beine werden lebendig, deine Vagina wird weich und feucht, dein Bauch wird rund und voll vor Lust, dein Herz öffnet sich und spürt, deine Arme, Hände und Finger entfalten sich wie Sprossen deines Herzens, deine Kehle wird weich und dein Nacken dehnt sich, Gesicht, Lippen, Augen und Kopf – alles entspannt und öffnet sich. Atme voll, öffne entspannt den ganzen Körper vom Kopf bis zu den Zehen.

Atme weiter und spüre von deinem Herzen nach außen. Wenn du einen Geliebten hast, dann atme ihn – seine Gestalt, seine Freude, sein Leid – in dein Herz ein und wieder aus. Wenn du Kinder hast, atme sie und alle deine Freunde in dein Herz ein und wieder aus. Öffne dein Herz, damit du deine Gemeinschaft und schließlich die ganze Welt spürst, und atme alles – Menschen, Tiere, Pflanzen, Ozean, Wald, ja auch die Dunkelheit der Nacht – in dein Herz ein und wieder aus. Lass dein Herz sich öffnen und alles spüren, alles atmen. Fühle dich als alles lebendig, während du als die Sehnsucht atmest, die sich in allen Herzen öffnet.

Mach deinen Körper weich, damit dein Herz die Offenheit dieses Augenblicks bewusst atmen kann. Dieser Augenblick *existiert* als Offenheit. Spüre jetzt die *Lebendigkeit* dieses Augenblicks, der in dir lebt, der als du und als alles ringsum lebt. Dieser Augenblick ist als Liebe, als Offenheit lebendig.

Als würdest du in einem Ozean der Liebe baden, öffne entspannt deine Kehle, dein Herz, deinen Bauch und deine Genitalien, damit du Sättigung durch die Liebe erfährst. Lass Herz und Körper in Liebe schmelzen und sich der Fülle dieses Augenblicks öffnen.

Mit etwas Übung kannst du lernen, zu atmen und die Liebe, die als Universum lebendig ist, und die Sehnsucht im Herzen aller Wesen zu spüren. Du lernst, dich schmelzend zu öffnen und die Liebesfülle eines jeden Augenblicks in deinem ganzen Körper zu empfangen. Deine natürliche Reaktion darauf ist, dich der Liebe offen darzubieten, so wie eine Geliebte sich ihrem Liebsten hingibt. Es ist, als machte Gott mit dir Liebe und als würdest du dich ganz und gar für Gott öffnen.

Empfängst du genau jetzt das göttliche Mitgerissenwerden dieses Augenblicks bis hinunter zu deinen von Liebe gespreizten Zehen? Bietest du deinen Körper als heilige Gabe dar, indem du dein tiefes Herz ganz und gar hingibst, damit es von der irdischen Verkörperung der Liebe gefordert werden kann?

Um einen Mann mit Herzenstiefe anzuziehen und seine Fülle zu inspirieren, musst du deine Fülle darbieten.

15
Warum Männer sich zurückhalten

Oft habe ich dich sagen hören, dass du nicht spüren kannst, dass ich ganz bei dir bin, dich wirklich sehe und liebe. Aber ich liebe dich wirklich. Ich kann meine Liebe zu dir spüren und ich kann deine Liebe zu mir spüren.

Und doch muss ich zugeben, dass es Zeiten gibt, in denen du mir nicht vertrauenswürdig erscheinst. Du sagst etwas und änderst deine Meinung im nächsten Moment. Du wirkst so glücklich und dann scheinst du plötzlich ohne ersichtlichen Grund unruhig zu werden. Manchmal kann ich ganz bei dir bleiben, obwohl mich deine Gefühle verwirren, aber oft mache ich einen Rückzieher.

Ich warte darauf, dass du dich beruhigst. Oder ich versuche, mit dir darüber zu reden, wie du dich fühlst, damit ich das Problem verstehen und damit umgehen kann. Doch meine Bemühungen, dir zuzuhören, scheinen keinen großen Einfluss zu haben, denn es passiert immer wieder dasselbe. Ich verliere das Vertrauen in deine Worte, weil sie sich anscheinend so oft ändern, und ich nehme mich zurück, damit ich mich nicht so über das ärgere,

*was meinem Gefühl nach unbegründetes Gerede
und extreme Stimmungsschwankungen sind.*

*Im Lauf der Jahre sind wir jedoch gewachsen.
Du hast gelernt, deine tiefe Sehnsucht durch all
deine wechselnden Stimmungen hindurch zu öffnen.
Deshalb kann ich deinen wahren Herzenswunsch
jetzt leichter spüren, und nicht nur deine oberflächlichen Worte und Veränderungen. Ich habe gelernt,
wirklich in Kontakt zu bleiben und dein tiefstes Herz
zu spüren, ohne mich von dem ablenken zu lassen,
was du laut sagst.*

*Ich übe, bei all deinen Worten und all deinem Tun
deine tiefste Sehnsucht zu spüren und dein wahres
Herzenslicht zu sehen. Ohne dir etwas vorzuenthalten, um in meiner eigenen Distanz Frieden zu
finden, habe ich Ehrfurcht vor der Tiefe deiner
Liebe. Dein in aller Fülle gezeigtes Licht erweckt
mein Herz für die strahlende Liebe, die für jeden
Augenblick offen ist.*

Hat ein Mann eine maskuline Essenz, dann entdeckt er, wenn er ganz tief in sein Herz hineinspürt, einen Bewusstseinszustand, der das Wesen dieses gegenwärtigen Augenblicks ist. Wenn du dir eine tiefe Beziehung zu einem Mann wünschst, lohnt es sich, dieses unveränderliche, allgegenwärtige Bewusstsein zu verstehen, dieses „Zuhause", wo ein Mann weiß, wer er wirklich ist.

Dieser tiefste Ort des Seins ist das Bewusstsein selbst, das wiederum göttliche Liebe ist. Von diesem tiefen Ort aus erlebt ein Mann mit, wie sich das Drama des Lebens abspielt. Entspannt und offen für diese unveränderliche Tiefe der Liebe ist dein Partner „bereits gestorben“, deshalb hat er nichts mehr zu gewinnen oder zu verlieren, das einen entscheidenden Unterschied bewirken würde. Er kann der Welt und dir alles furchtlos und rückhaltlos geben. Er lässt sich von deinem emotionalen Ungestüm und vom Getümmel des Lebens weder abstoßen noch ablenken, weil er frei in der Tiefe steht und seine tiefste Liebe darbietet, so wie die Augenblicke kommen und gehen.

Die meisten Männer müssen ihr freies Bewusstsein in der Tiefe ihres Herzens erst noch spüren. Sie können ihren tiefsten Lebenssinn nicht spüren und dir oder der Welt ihre tiefsten Liebesgaben deshalb nicht darbieten. Auf dich wirken diese Männer oberflächlich und nicht so vertrauenswürdig. Du kannst ihr tiefes Herz und ihr echtes Selbstvertrauen nicht spüren. Du kannst in ihren Augen nicht die verletzliche Stärke des Todes sehen. Stattdessen scheinen sie sich in den Spielen und im Drama des Lebens verloren zu haben, sind unsicher und unfähig, dich zur Tiefe der Liebe zu führen.

Wahrscheinlich gehen die meisten Männer, die du kennst, auf Distanz – zu deinen Emotionen und zum Chaos des Lebens. Doch manche Männer lassen sich wirklich auf die Fülle des Lebens ein und fühlen sich darin zu Hause, so wie du.

Manche Männer haben beispielsweise Freude daran, mit Frauen über ihre Emotionen zu reden. Vielleicht warst du mit einem Mann zusammen, der wirklich auflebt, wenn er mit dir Kaffee trinkt, über Rezepte und neue Kleidung redet und dir Geschichten über seine engen Freunde erzählt und sich einmal richtig über seine Beziehung ausweint. Manche Männer fühlen sich wohl, wenn ihr Kind einen Wutanfall bekommt, wenn sie ans Telefon gehen, weil es läutet, und wenn sie sich mit Freunden unterhalten, die zu Besuch sind, und gleichzeitig noch ihre Lieblingssportsendung im Fernsehen anschauen.

Fast alle Männer sind irgendwie imstande, sich auf die Erschütterungen des Lebens, Sinnesverwirrungen und deine emotionalen Turbulenzen einzulassen. Bis zu einem gewissen Grad kann es Männern Freude bereiten, ihr Zuhause neu einzurichten, eine Hochzeit zu planen oder bei der Geburtstagsparty ihres Kindes mit dreißig Kindern, die Kuchen essen und alle durcheinanderrennen, mit Fingerfarben zu malen.

Selbst ein Mann mit maskuliner Essenz verkörpert einen gewissen Grad an *natürlicher femininer Energie*. Dieser Teil von ihm fühlt sich in der sich stets verändernden Fülle des Lebens wirklich zu Hause, so wie du. Doch ein Mann hat auch eine *durch Angst erzeugte feminine Schale*: Vielleicht verbringt er seine Zeit mit Gesprächen und auf Partys, weil er den Kontakt zu seinem bevorstehenden Tod und dem tiefsten Sinn seines Herzens verloren hat.

Wahrscheinlich erkennst du den Unterschied zwischen einem Mann, dem ein Gespräch wirklich Freude bereitet – der dich aber dennoch mit seiner tiefen maskulinen Forderung mitreißen kann – und einem Mann, der von der Autorität des Todes nichts weiß und deshalb naiv lächelnd plaudert.

Wenn ein Mann lernt, seine Schalen zu lockern und seine Tiefe zu entdecken, wird er eher so etwas wie ein *freier Mann* – der sich mit der Freiheit unwandelbaren Bewusstseins identifiziert. Seine Herzensautorität und seine Liebe können dein Herz sehr tief fordern. Doch genau dieser Mann muss vielleicht noch besser lernen, sich auf deine emotionalen Stürme einzulassen, ohne die Suche nach Freiheit aufzugeben. Er kann üben, liebevoll und ohne mit der Wimper zu zucken in deine Wildheit einzudringen, indem er lernt, mit dem tiefen Bewusstsein, das immer präsent ist, in Kontakt zu bleiben.

Doch solange er nicht lernt, sich vollkommen in diese immer präsente, unveränderliche Tiefe der Freiheit hinein zu entspannen, wird er wohl versuchen, sich eine vermeintliche Freiheit zu schaffen, indem er dem Leben – und dem emotionalen Teil von dir – aus dem Weg geht, es kontrolliert oder unterdrückt, weil er es als eine potenzielle Ablenkung oder Verstrickung empfindet.

Ein Mann hält sich von aufwühlenden Beziehungen und einem aufwühlenden Leben vielleicht dadurch fern, dass er sich auf das unveränderliche Ziel eines bestimmten Projekts konzentriert: den Rasen mähen, sein Auto waschen, die Börse beobachten, ein Haus bauen oder ein Buch schreiben. Er schafft eine vermeintliche Freiheit, indem er ein Bier trinkt und sich entspannt vor den Fernseher setzt. Er vermeidet emotionalen Aufruhr, indem er sich in sein Arbeitszimmer einschließt und auf den Computer starrt. Vielleicht unternimmt er einen ernsthaften Versuch, sich in der Tiefe des Bewusstseins zu verankern, indem er die Verstrickungen des Lebens ausblendet und an einem monatelangen Schweigemeditationsretreat teilnimmt, um „sein Ego zu töten".

Womöglich hast du das Gefühl, dein Partner lehne dich ab, aber er fühlt sich mit Veränderungen und dem Fluss von Emotionen einfach nicht so wohl wie du. Er kann mit deiner emotionalen Ausdrucksweise eine Zeit lang zurechtkommen, aber irgendwann muss er einfach versuchen, dich „wieder hinzubiegen", als stellte der Fluss deiner Emotionen ein Problem dar. Er versucht, eine Lösung für eure Diskussionen zu finden, damit sie endlich aufhören und erledigt sind, und dann hat er wieder seine ungestörte, ruhige Harmonie und seinen Frieden. Er versucht oft, deine Worte als nichtiges Geplapper herunterzuspielen, indem er sexuelle Fülle auf Leere nach der Ejakulation hindirigiert und versucht, eine Lösung für deinen Emotionsfluss oder dein spirituelles Leiden zu finden, damit das „Problem" vom Tisch ist.

Statt sich mit dem breiten Fluss der Emotionen zu verbinden und sich daran zu beteiligen oder sich an einem nicht enden wollenden Tanz mit deinen Gefühlen zu erfreuen, verbringen die meisten Männer ihre Zeit meistens damit, in vermeintlicher Freiheit vor dem Fernseher abzuhängen, sich mit Drogen kaputt zu machen oder sich völlig von einer einzigen Herausforderung in Anspruch nehmen zu lassen – Geschäftsdeals, Felskletterei, Beschäftigung mit Philosophie –, vor allem jenen Herausforderungen, die ihnen einen Geschmack von Befreiung oder „Tod" versprechen.

Die meisten Männer verbringen den Großteil ihrer Zeit damit, etwas für ihren finanziellen „Sterbensunterhalt" zu tun, um politische Freiheit zu kämpfen, nach einem kreativen Ventil, einem intellektuellen Aha-Erlebnis oder spiritueller Befreiung zu suchen. Und wenn das nicht klappt, gibt es immer noch Sport im Fernsehen – Männer am Rande des „Todes", die in einem Boxring stehen oder einen Ball über eine Linie schießen und nach einem befreienden Sieg in lautes Geschrei ausbrechen.

Selbst wenn dein Partner dich wirklich liebt und sein Leben mit dir verbringen möchte, kann es sein, dass er deinen Emotionsfluss oft für belanglos und belastend hält, da deine sich immerfort verändernde Energie der erlösenden Freiheit, nach der er sucht, so fremd ist: dem „letzten" oder unveränderlichen Bewusstsein, dem ungetrübten Frieden, der seiner maskulinen Essenz am vertrautesten ist. In seinen Augen änderst du vielleicht immer deine Meinung, deine Emotionen, liebst ihn, hasst ihn, verschließt dich und öffnest dich. Er weiß inzwischen, dass alles, was er heute mit dir macht, morgen schon keine Bedeutung mehr haben wird. Deshalb möchte er seine Zeit lieber in etwas investieren, das wenigstens den Anschein hat, ihm eine gewisse Freiheit oder das Gefühl, etwas vollendet zu haben, zu schenken.

Wenn dein tiefes Herz das tiefe, furchtlose Bewusstsein deines Partners nicht aktiv verführt und zum Leben inspiriert, kann der dir eigene Emotionsfluss ihn wirklich abstoßen – auch wenn er dich aufrichtig liebt. Wenn er sich der Freiheit tiefen Bewusstseins nicht öffnet, ist seine größte Angst die, seine mühsam erworbene vermeintliche Freiheit zu verlieren, indem er sich in das verstrickt, was wie die Zwänge des Lebens oder deine Zwänge – dazu gehört auch deine Liebe – aussieht.

Er könnte Angst bekommen, sich auf dich einzulassen, weil er Angst hat, „Alternativen" zu verpassen, selbst wenn er dich liebt. Er könnte sich nach einem besonders intensiven Liebesspiel zurückziehen, weil er befürchtet, seine Freiheit an das Band zu verlieren, das vielleicht tiefere Liebe für ihn bedeutet.

Wenn dein Partner noch daran arbeitet, die Freiheit zu spüren, die der Bewusstseinstiefe jedes Augenblicks innewohnt, dann wirst vermutlich du die Tiefe seiner Präsenz mit deiner Liebestiefe *einladen* müssen. Dein tiefstes Licht und deine tiefste Herzenssehnsucht können seine Tiefe wirksam einladen, indem sie seine tiefe Präsenz zum Tanz der Beziehungen und des Lebens verführen und bezaubern. Andernfalls neigt er vielleicht eher dazu, sich nur oberflächlich einzulassen oder sich in die Freiheit zu flüchten, die ein Rückzug ihm vermeintlich bietet.

Wenn du deinen Partner zu tiefer Präsenz und Engagement inspirieren willst, biete ihm die tiefste Sehnsucht deines femininen Herzens an – sexuell, aktiv und ergeben, nimm ihn ganz in dich auf und reagiere mit voller Lust und vollem Vertrauen. Wenn du ihm deine Fülle nicht bietest, hat er vielleicht nie die Chance, zu lernen, wie man Zugang zur tiefsten Forderung eines femininen Herzens nach Liebe findet. Wenn er seine Suche nach vermeintlicher Freiheit unterbricht, bleibt sein Wunsch, sich am Femininen zu erfreuen, womöglich oberflächlich. Vielleicht sucht er sich weniger „vereinnahmende" weibliche Quellen, mit denen er verschmelzen kann – Ozeane, Wälder, Musik, Bier, Pornografie oder Frauen, die eine geringere Herausforderung darstellen.

Die Fülle des Lichts, das du über die Sehnsucht deines Körpers und deines Herzens schenkst – sexuell und auf jede andere Art –, lockt die *Bewusstseinstiefe* deines Partners an und inspiriert ihn dazu, sich Zugang zu dir und der Welt zu verschaffen.

Die vollkommenste Form der Inspiration ist Verehrung. Du kannst die Bewusstseinstiefe deines Partners tatsächlich verehren. Auch wenn er sich zurücknimmt, kannst du tief in seinem Herzen den Teil finden, dem du wirklich vertraust. Du kannst es tief in seinen Augen sehen und tief in seinem Herzen spüren. Sein tiefes Bewusstsein wird das Thema deiner Ergebenheit, für ihn tanzt du, ihn inspirierst du. Du kennst diese furchtlose Präsenz in seiner Tiefe, selbst wenn er unfähig ist, sie in diesem Augenblick selbst zu spüren.

Indem du die Verehrung für diesen tiefen Teil im Herzen deines Partners spiegelst und darbietest, kannst du ihm helfen, seine eigene Wahrheit zu spüren und zurückzufordern. Deine Verehrung seiner Tiefe inspiriert ihn, das freie Bewusstsein zu spüren, das er im Grunde ist. Wenn er die tiefste Freiheit seines Herzens spüren und sich entspannt dafür öffnen kann, toleriert er nicht nur dein Chaos oder unterhält sich gern mit dir, sondern verehrt auch die Tiefe deiner Herzenssehnsucht und deines Herzenslichts.

Während sich eure gegenseitige Verehrung vertieft, lebt ihr eure Liebe mit Humor. Dein Partner macht einen Rückzieher, und du lächelst, weil du weißt, dass dein Herz stark genug ist, um ihn in dich und das Leben zurückzuziehen. Du verschließt dich oder hast einen Gefühlsausbruch, und er lächelt, denn er weiß, dass die Macht seiner Präsenz deine widerstrebende Energie durchdringen und dich für Gott öffnen kann.

Die feminine Fülle deiner Herzenssehnsucht wird in deinem Partner immer eine *Tiefe* maskulinen Bewusstseins anziehen und inspirieren. Wenn du dich vor der Tiefe deines Glanzes drückst, wirst du einen Mann anziehen, der sich in seiner Isolation versteckt oder dessen Gewahrsein von lieblosen Zielen – sportlichen, finanziellen oder so genannten spirituellen Herausforderungen – in Anspruch genommen wird oder der bei schnellem Sex oberflächliche Lust sucht.

Deinem Partner ist es lieber, wenn du dich einfach ohne Widerstreben öffnest. Dir wäre es lieber, dein Partner würde dich einfach begehren, ohne dass du ihn aktiv bezirzen musst. Oft ist er müde und will sich nicht mehr um deine emotionalen Belange kümmern. Du bist oft gestresst oder erschöpft und willst dich dann nicht mehr anstrengen und ihn verführen.

Ihr könnt euch beide beklagen: Du willst von ihm liebevollere Präsenz und er will mehr sexuelle Energie von dir. Ihr könnt beide einen Kompromiss schließen: Er tut so, als interessiere ihn, was du zu sagen hast, und du tust so, als gefielen dir seine unbeholfene Fummelei und das oberflächliche Leben.

Ihr könnt euch aber auch vornehmen, euch an eurem tiefsten Herzenswunsch zu erfreuen. Dein Partner kann sich entspannt öffnen und als das tiefe Bewusstsein „sterben", das der Ursprung dieses Augenblicks ist; er kann dir und allen ungehindert all seine Liebe schenken, ohne etwas zurückzuhalten. Und du kannst dich entspannt öffnen und dich, deinen Partner und die ganze Welt lieben, so dass sich das Licht deines Herzens weit für diesen lebendigen Augenblick öffnet. Durch dieses gegenseitige Beschenken können du und dein Partner das Herz des jeweils anderen zu den tiefsten Gaben inspirieren und einladen.

16
Deine Anziehungskraft

Teure Geliebte, du versteckst deine sexuellen Reize nicht vor mir – du weißt, wie du mich mehr antörnst, als es irgendjemand jemals getan hat –, aber du gibst dich nicht bloß damit zufrieden, meine Genitalien zu reiben und mich stürmisch zu umarmen. Die tiefe Sehnsucht deines Herzens bringt mich so weit, mehr als nur Lust zu suchen – mehr als irgendetwas anderes.

Die Liebe, die sich durch deine offene Sehnsucht zeigt, erweckt mich hier und jetzt zur Liebe, die als dieser Augenblick offen erstrahlt. Deine Liebe inspiriert meine tiefsten Gaben dazu, spontan von meinem Herzen zu jedermann zu fließen.

Aber manchmal schenkst du mir deine Liebe und ich kann mich für dein Herz nicht öffnen. In Gedanken bin ich mit Plänen beschäftigt oder mein Körper zeigt Stressreaktionen. Selbst wenn du mich liebevoll massierst oder mir zärtlich etwas zuflüsterst, kann ich mich nicht ganz mit dir öffnen.

In diesen Zeiten, wenn ich unfähig bin, dich so tief zu lieben, wie du mich liebst, erstaunt mich deine Offenheit. Manchmal weinst du, und mein Herz schmilzt dahin. Dann wieder siehst du mir einfach auffordernd in die Augen, dein Körper ist weich und dein Herz offen, auch wenn meine Unliebe dich verletzt. Ich kann spüren, wie widerstrebend ich bin im Vergleich zu dir, die du deine Liebe offen schenkst. Deine Liebe ist so stark, verletzlich und unendlich.

Deine Entscheidung, offen zu bleiben, wenn ich verschlossen bin, gibt mir die Gelegenheit, mich mit dir zu öffnen. Wenn mir ohnehin nicht nach Liebe zumute ist, würde es mich noch mehr abstoßen, wenn du dich verschließt. Aber deine Entscheidung, offen zu bleiben und mir dabei deine Verletzung und die Sehnsucht deines Herzens nach meiner Liebe zu zeigen, gibt meinem Herzen die Chance, deinem offenen Herzen zu begegnen.

Deine Anziehungskraft ist ohnegleichen. Weibliche Energie ist die stärkste Anziehungskraft der Welt. Und viele Männer finden deine weibliche *sexuelle* Energie äußerst unwiderstehlich.

Du weißt, dass du einen Mann um den kleinen Finger wickeln kannst, indem du ihm deine weibliche sexuelle Energie schenkst und ihn in deinen Dunstkreis hineinziehst. Du kannst diese Macht zu deinen Gunsten nutzen, um von einem Mann das Gewünschte zu bekommen. Du kannst deine Anziehungskraft auch auf ein Mindestmaß reduzieren, weil du es unfair findest, einen Mann zu manipulieren; vielleicht meinst du, jeder Mensch sei für sich selbst verantwortlich und du solltest dir das, was du dir im Leben wünschst, mithilfe deiner maskulinen Zielgerichtetheit holen und nicht, indem du einen Mann dazu bringst, deine Wünsche zu erfüllen.

Doch wenn deine Liebe wächst und sich weit öffnet, kannst du deine unwiderstehliche Anziehungskraft dazu nutzen, die Liebe zu vergrößern, die im Herzen aller Wesen lebendig ist.

Ja, du kannst einen Mann wirklich dazu bringen, praktisch alles zu tun, und das weißt du auch. Wofür wirst du ihn also gewinnen? Dir ein schönes Haus zu kaufen? Dir Raum zu geben, damit du dein eigenes Leben führen kannst? Oder dir und allen Wesen seine tiefsten Gaben darzubieten und gleichzeitig sein Herz für Gott zu öffnen?

Bist du eine egoistische Zauberin, eine unabhängige Zauberin oder eine Zauberin, die ihren Partner und alle Wesen als Geschenk für alle anzieht und öffnet?

Mag sein, dass du vor deiner eigenen Anziehungskraft, deinem eigenen Einfluss Angst hast. Vielleicht scheust du dich, über deine Ein-Körper-Gestalt hinaus offen zu leben. Deshalb liegen deine Sehnsucht und deine Liebesfähigkeit, deine Fähigkeit, alles in Liebe zu vereinen, unter Schichten aus angsterfüllten Schalen verborgen und vergraben.

Ganz gleich, ob du einen Partner hast oder nicht, du kannst dich öffnen und die Anziehungskraft deiner femininen sexuellen Energie *aus tiefstem Herzen* zum Wohl aller Wesen darbieten – und wirst damit einen tiefgründigen Mann in dein Leben locken. Und solltest du bereits einen Partner haben, kannst du dich, statt darauf zu warten, dass sich seine Integrität vertieft, genau jetzt öffnen und die Tiefe deines Partners mit der Offenheit deiner Liebessehnsucht hervorlocken. Du kannst deine Herzenstiefe genau jetzt darbieten und aus deinem Partner die Tiefe seiner Präsenz herauslocken.

Eine so einfache Geste wie beispielsweise Tee einschenken kann das tiefste Herz deines Partners erwecken. Du kannst durch die Küche gehen und dich dabei wie eine Tänzerin bewegen, eine überglückliche Geliebte, eine Frau, deren Schoß voller Lust ist und deren Gliedmaßen sich voller Liebe geschmeidig bewegen. Während du den Tee eingießt, kannst du spüren, wie die Flüssigkeit die Tasse deines Partners füllt, so wie deine Liebe sein Leben erfüllen würde. Du kannst ihm fest in die Augen sehen und dabei dein tiefstes Herz durch deine Sehnsucht darbieten.

Wenn er des Öfteren nicht präsent ist, brauchst du seiner Oberflächlichkeit nicht Genüge zu tun. Du stehst da mit deiner Sehnsucht, weit offen für die Liebe – nicht verspannt oder bedürftig, sondern als Kunstwerk, du bist dir deiner strahlenden Gaben voll bewusst und bietest die Schönheit deines Herzens durch deine Haltung und Anmut dar – bis er es bemerkt. Du kannst das Muster, dass er dich gelegentlich vernachlässigt, durchbrechen, indem du seine Verehrung *einforderst* – ohne ein Wort zu sagen, einfach indem du die Tiefe deiner Herzenssehnsucht und den mächtigen Strom der Liebe durch deine körperliche Anmut und Haltung darbietest. Wenn du im Schenken beständig und stark bleibst, kann er nicht widerstehen.

Das verführerische Licht in deinen Augen, dein Hüftschwung, deine Kleidung, die Schönheit, mit der du dich bewegst und deine weibliche Gestalt zeigst – deine strahlenden Gaben sind für deinen Partner unwiderstehlich. Vielleicht hält er beharrlich an seiner Nichtpräsenz fest – liest Zeitschriften, redet über dummes Zeug –, aber wenn du deinem Schmerz, abgewiesen zu werden, nicht nachgibst, sondern deine Fülle beibehältst, ohne seiner lächerlichen Art, dir nur oberflächlich Beachtung zu schenken, Nahrung zu liefern, wird seine dünne Schale aufbrechen.

Die kunstgerechte Darbietung deiner Liebessehnsucht ruft seine Tiefe auf den Plan. Die Beharrlichkeit deines Herzenslichts ruft die Stabilität seiner Präsenz auf den Plan. Dein anmutiger Tanz – einfach deine Art zu gehen, die Finger zu bewegen und den Kopf zu drehen – können seine Aufmerksamkeit und Ehrfurcht wecken.

Das Darbieten deiner tiefsten Sehnsucht und Liebe ist eine Kunst, die die tiefste Präsenz deines Partners anziehen und inspirieren wird, auch wenn du müde oder nicht in Stimmung bist. Wenn du über das Tagesgeschehen plauderst, während du durch die Küche stapfst, beiläufig eine Tasse Tee eingießt und dich mit gerunzelter Stirn und stillos auf deinen Stuhl plumpsen lässt, gibst du der Nichtpräsenz deines Partners Macht. Du verstärkst damit nämlich die Gewohnheit, nicht miteinander umzugehen. Er fühlt sich nicht aufgefordert oder aufgerufen, seine Zeitungswelt, die ihm nur belangloses Geschwätz bietet, zu verlassen.

Wenn du hingegen übst, dich zu öffnen, so dass dein Körper die Fülle der Liebe atmet – als stündest du kurz vor dem intensivsten Orgasmus, den du dir vorstellen kannst –, wird es ihm auffallen. Wenn sich deine Hüften mit derselben Lust bewegen, als würdest du zu deiner Lieblingsmusik tanzen, wird seine Aufmerksamkeit zu deinem Körper wandern. Wenn dein Blick weich vor Liebessehnsucht ist, wenn deine Stimme so klingt wie im Bett, nämlich voller Liebeslust, wird ihm seine Zeitungswelt armselig vorkommen.

Vergiss nicht: Er fühlt sich im Leben nicht so umfassend zu Hause wie du. Er schielt grundsätzlich nach der Freiheit leeren, unveränderlichen Bewusstseins. Wenn die Alternative zu dieser Freiheit der Leere dein schwerfälliger Körper, deine nörgelnde Stimme, deine emotionale Bedürftigkeit oder dein übliches Geschwätz sind, wird er lernen, dich auszublenden. Doch wenn der Klang deiner Stimme sich wie das lustvollste Liebesstöhnen anhört, wenn deine Bewegungen an eine Tänzerin erinnern, die in Ekstase dahinschwebt, wenn deine Worte und dein Gesichtsausdruck Liebe, Sehnsucht und Verehrung ausdrücken, dann wird er alles für dich tun.

Es kann sein, dass du in Augenblicken, wo du auf deine Eigenständigkeit pochst, die strahlende Macht deiner femininen Anziehung leugnest und versuchst, deine irdische Sachlichkeit und intellektuelle Fähigkeit zu betonen. Deine Sexualität ist anscheinend nur ein kleiner Teil des „ganzen Menschen“, der du bist. Wenn du deine sexuellen Reize darbietest, um die Präsenz deines Partners zu wecken, kommt es dir vor, als würdest du deine Ganzheit reduzieren und sein Begehren billig manipulieren – *weil du seine Aufmerksamkeit plötzlich nicht mehr durch deine Sexualität anziehst und für Gottes Fülle öffnest.*

Wenn sich deine Liebe vertieft, empfindest du deine Sexualität als machtvolle Form göttlicher Kunst, fast so wie die attraktivste Gabe, die du deinem Partner schenken kannst, die direkteste Art, ihn durch deine Liebe einzuladen, sich in Gott hinein zu öffnen. Du gibst deine Herzenssehnsucht und die Gestalt deines Körpers als göttliche Liebesgabe. Du verführst deinen Partner dazu, sich nicht nur mit deiner Oberfläche zu befassen, sondern mit deiner Tiefe.

Du wirst in einem Mann – und in deinem Partner – die Tiefe der Verehrung wachrufen, die deiner Gabe entspricht. Wenn dein Partner dich wie einen durchtriebenen Vamp behandeln soll, dann schenke ihm deine oberflächlichen Reize, um seine oberflächlichen Begehren zu manipulieren. Soll dein Partner dich wie eine Kollegin und Freundin behandeln, dann schenke ihm deinen Humor, dein Wissen und deine Talente, damit er Interesse zeigt. Soll dein Partner deine Liebe als seine auserwählte Quelle göttlichen femininen Strahlens verehren, dann biete ihm das ganze Spektrum deiner sexuellen Kunst, dich ergeben hinzugeben, an – durch jede Geste und Bewegung, durch jedes Geräusch, jede Ausdrucksform. Biete deine Sehnsucht nach Gott und deine Ergebenheit für Gott durch den Gott in ihm dar.

Und selbst wenn du keinen Partner hast: Warum sollte dein Leben weniger als die Kunst der Ergebenheit sein? Würdest du dich dir zuliebe, allen Wesen zuliebe, Gott zuliebe nicht lieber entspannt als Liebesgabe öffnen, statt dich vor Stress und subjektiv empfundener Verwirrung zu verspannen? Selbst wenn du allein zu Hause bist und dir ein Abendessen zubereitest, warum sollten deine Bewegungen weniger sein als der offene Tanz der Liebe, während du deine Herzenssehnsucht strahlender als Sonnenlicht darbietest? Du kannst dich der Lust so öffnen, dich so wie eine Göttin bewegen, das Geschirr so spülen, als wärst du gerade beim köstlichsten Liebesspiel – du kannst offen für die Liebeskunst leben und dich in jedem Bereich deines Lebens als Spiegelung des Heiligen bewegen.

Entweder lässt du zu, dass dein Leben für die Liebe offen gelebt wird, oder du gibst dich mit weniger zufrieden. Entweder du erziehst deinen Körper dazu, sich der Liebeskunst zu öffnen, oder du verbarrikadierst dein Herz hinter Schalen der Gewohnheit. Es ist zum Beispiel pure Gewohnheit, die entscheidet, in welchem Tonfall du deinen Partner fragst: „Möchtest du etwas Tee?“

Du kannst aus dieser Handlung eine Kunst machen. Statt gewohnheitsmäßig zu handeln, kannst du üben, diese Handlung als kunstgerechtes Geschenk zu verpacken, das die Herzenstiefe deines Partners zum Vorschein und Licht in sein Leben bringt. Stell dir vor, du stündest kurz vor einem abgrundtiefen Orgasmus, so dass dein Herz und

Körper sich offen hingeben wie ein nicht enden wollender Strom der Lust. Wie würde es sich dann anhören, wenn du aus deinem lustvollen Schoß heraus fragst: „Möchtest du etwas Tee?"

Du kannst wie gewohnt sprechen, dich bewegen und atmen oder daraus eine Gabe der Kunst machen. Du kannst deinen ganzen Körper als schönes Liebesgeschenk spüren und darbieten und dabei das Licht deines tiefsten Herzens zeigen. Wenn sich die sehnsuchtsvolle Liebe durch deinen ergeben hingegebenen Körper öffnet, wirst du automatisch Bewunderung, Ehrerbietung und tiefe Herzensgemeinschaft erwecken. Du hast jederzeit die *Wahl*: als eine deinen Gewohnheiten verhaftete Persönlichkeit zu handeln oder dein Leben als Kunst darzubieten und dich als heilige Liebesgabe zu bewegen.

Dein Leben spiegelt das Heilige so umfassend, wie du gewillt bist, die *tiefsten* Wünsche deines Herzens und Körpers zu spüren und ihnen Ausdruck zu verleihen. Wonach sehnst du dich am heftigsten, wenn beispielsweise dein Körper berührt wird?

Spüre die glatte Oberfläche deiner Haut. Möchtest du so gestreichelt werden, dass Lustschauer durch deinen Körper jagen? Möchtest du so liebkost werden, dass sich dein Herz tiefer öffnet und dich in verletzlicher Hingabe zu Tränen rührt? Welche Berührung würde den allertiefsten Kern deiner Herzenssehnsucht offenlegen, der vielleicht dein ganzes Leben lang verborgen war und keinen Ausdruck fand?

Berührt zu werden kann ein wohliges Gefühl auslösen. Berührt zu werden kann aber auch dein tiefstes Herz öffnen. Mit welcher Art von Berührung gibst du dich normalerweise zufrieden? Wie tief ist die Sehnsucht, mit der du deine Haut bereitwillig für Berührungen darbietest?

Die Tiefe deiner Herzenssehnsucht – die du über deine Haut, deine Stimme und deine Bewegungen darbietest – inspiriert und zieht einen Mann an, dessen Gabe an dich und die Welt genauso herzenstief ist. Sogar deine Freunde und Kinder werden angeregt, ihre göttlichen Gaben tiefer zum Ausdruck zu bringen, wenn du zulässt, dass sich deine tiefste Sehnsucht entfaltet.

Die wahre Liebesgabe entsteht aus deiner tiefsten Sehnsucht, da du in deinem Herzen gleichzeitig unterschiedliche Wünsche hegst.

Wahrscheinlich hast du hin und wieder Lust auf ein Eis, aber der Genuss ist nur kurz. Das Familienleben kann dich jahrelang beschäftigen, aber wie viele andere Mütter kennst du, deren Kinder erwachsen und aus dem Haus sind und deren einst ausgefülltes Herz sich nun leer fühlt und Trost in einem leeren Haus sucht? Mag sein, dass du dich im Leben nach vielen Vergnügungen sehnst, von denen manche eher oberflächlich, manche recht tief gehend sind. Doch damit dein Herz sich an wahrer, dauerhafter Erfüllung erfreut, kannst du lernen, deine *tiefste* Sehnsucht zu spüren und in jedem Moment darzubieten, durch jedes Begehren, dein ganzes Leben lang.

Wie geht es dir dabei, wenn du dein tiefstes Begehren durch deinen ganzen Körper darbietest? Stell dir genau jetzt einmal vor, du wärst mit einem wirklich vertrauenswürdigen Geliebten zusammen. Sein Körper schmiegt sich an deinen, Fleisch trifft auf weiches Fleisch. Er spürt jeden Widerstand, den du zeigst, und öffnet sich durch ihn hindurch. Er atmet mit dir, spürt jede deiner Bewegungen, jedes Bedürfnis. Dein Arm bewegt sich ein Stück, und er packt dein Handgelenk, zieht deine Arme über den Kopf, hält dich kraftvoll nieder und öffnet dich.

Wenn du eine Pause brauchst, hält er inne; wenn du mehr Gewalt willst, dringt er leidenschaftlich in dich ein. Da du ihm vertraust, kannst du dich bei ihm offen entspannen. Du lässt ihn tiefer in dich, deinen Körper und dein Herz hinein. Seine Liebe öffnet dich mehr, und bald wird deine Einladung deutlicher. Dein Körper und Herz öffnen sich, um seine Liebe tiefer in sich aufzunehmen, die dich mehr erfüllt, als du verkraften kannst, ohne dich hinzugeben. All deine Grenzen lösen sich auf, wenn du seine Liebe ohne Angst und Widerstreben empfängst; erst wenn du offen bist, ist auch er offen, und die Liebe strömt offen für alles.

Wie würden sich deine Zunge und dein Kiefer anfühlen, wenn du in tiefstem Liebesglück hingerissen wärst? Wie würde sich dein Becken entspannen? Wie würde sich deine Kehle anfühlen? In welchen Tonlagen würden deine Stimmbänder schwingen? Wie würden deine Hände dein Haar aus der Stirn streichen? Wäre dein Bauch hart oder weich? Hättest du kraftlose Knöchel oder lebhafte Füße? Was geschieht mit deiner Atmung, wenn du diese tiefe Liebe spürst, und sei es nur in deiner Vorstellung? Wie würdest du genau jetzt leben und dich bewegen, wenn du in der vollkommensten Liebe, die du dir vorstellen kannst, offen wärst?

Dass du *nicht* ganz geliebt wirst, erkennst du genau jetzt nur, weil du intuitiv weißt, wie es wäre, ganz geliebt zu *werden*. Dass du nicht in göttlichem Glück offen bist, erkennst du nur daran, dass du dir intuitiv eine göttlichere, glückseligere Art vorstellen kannst, dich zu öffnen, als du es dir jetzt zugestehst.

Genau jetzt kennst du bereits intuitiv deine tiefste göttliche Liebe, deine tiefsten göttlichen Gaben. Andernfalls hättest du nicht so große Sehnsucht. Vielleicht kannst du dein Gefühl nicht in Worte fassen, aber du kannst intuitiv immer tiefer in das Loch deiner Sehnsucht hineinspüren. Du kannst dich öffnen und diese Liebe aus tiefstem Herzen spontan durch deinen ganzen Körper zum Ausdruck bringen, so dass jeder Augenblick deines Lebens ein Spiegelbild des Heiligen ist.

Manchmal werden dein Körper und Geist nicht in der Lage sein, so offen zu bleiben, wie es nötig ist, damit dein tiefstes Herz dargeboten werden kann. Deine Aufmerksamkeit und damit deine Energie werden sich oberflächlichen Vergnügungen, süßer Nahrung und angenehmen Zärtlichkeiten zuwenden. Du kannst dir intuitiv eine viel tiefere Sehnsucht vorstellen, gibst dich vielleicht aber mit weniger zufrieden.

Auch deine Umwelt ist vielleicht nicht imstande, mit der Forderung umzugehen, die deine tiefste Gabe beinhaltet. Viele Menschen haben Angst, sich zu öffnen, so dass du häufig erleben wirst, dass sie sich verschließen.

Deshalb wird dein tiefstes Herz mehr Liebe verlangen, als du oder andere scheinbar bieten können. Mag sein, dass du dir dauernd wünschst, fähig zu sein, mehr Liebe zu geben und zu empfangen – und dass auch dein Geliebter dazu eher fähig sein möge.

Wie du auf den Wunsch deines Herzens nach Liebe reagierst, hängst davon ab, wie tief du deine Sehnsucht spüren und ausdrücken willst, ohne dich zu verschließen. Bist du eine sicherheitsbedürftige

Frau, die andere mit ihren oberflächlichen Reizen manipuliert? Bist du eine verhärtete, sich unabhängig gebende Frau, die ihr unwiderstehliches Leuchten unterdrückt und ihrem Herzen die Hingabe verwehrt, obwohl sie sich nach Liebe sehnt? Oder bist du ein göttliches Liebesgeschenk, das dem tiefsten Licht und der Liebessehnsucht durch die einzigartige Kunst weiblicher Ergebenheit anmutig Ausdruck verleiht und ihre Liebe sogar durch ein Herz darbietet, dass vielleicht offen und damit verletzlich ist?

Biete deine feminine sexuelle Energie durch deine tiefste Herzenssehnsucht dar. Das Strahlen deiner tiefsten Herzenssehnsucht ist das Leuchtfeuer, das integere Männer anzieht. Nicht deine Bedürftigkeit. Nicht deine Unabhängigkeit. Tiefgründige Männer werden viel eher angezogen und inspiriert durch die sehnsuchtsvolle Gabe deines Herzens, durch das glückliche sehnsuchtsvolle Flehen deines Herzens, dieser Mann möge es nehmen – und die Tatsache, dass dein Herzenslicht sich mit nichts weniger zufriedengeben wird als mit der totalen Forderung in göttlicher Liebe.

Erspüre dein ganzes Leben lang intuitiv deine tiefste Herzenssehnsucht und biete sie dar, während du köstlich und gefühllos berührt wirst, während deine Kinder kommen und gehen, während dein Geliebter sich von dir zurückzieht und während er an der Offenheit deines Herzens teilhat.

Das Licht deiner tiefsten Herzenssehnsucht, das durch deinen ganzen Körper dargeboten wird, ist deine tiefste Anziehungskraft. Deine Hingabe und dein Geschenk des göttlichen Liebeslichts sind auch die Quelle deiner Lebenskunst, dein ergebenes Geschenk an alle Wesen und die einzige Art, offen für dein tiefstes Herzensvergnügen zu leben.

Möchtest du lieber anders leben?

17
Du hast dir deinen Partner ausgesucht

Teure Geliebte, ich möchte nicht, dass du aufgibst. Ich weiß, dass dich die Männer früher verletzt haben, und bin manchmal unfähig, auf dich einzugehen. Aber gib dich bitte nicht mit weniger zufrieden als deinem tiefsten Herzenswunsch. Ich habe so viele Frauen gesehen, die aufgegeben haben und sich mit einer mittelmäßigen Beziehung zufriedengeben, die sie nicht für Gott öffnet. Ich habe auch Frauen gesehen, die versucht haben, die oft schwierige Hingabe als zwei Körper zu umgehen, indem sie versuchten, sich selbst zu lieben.

Diese Frauen lernen, dass sie sich gut fühlen können, wenn sie sich so lieben, wie sie sind, und ihren Partner trotz all seiner menschlichen Einschränkungen lieben. Sie können sich mit ihrem eigenen Menschsein und dem ihres Partners recht gut fühlen. Sie erwarten nicht mehr, dass alles perfekt ist. Sie sind fähig, zu lieben und die Dinge anzunehmen, wie sie sind.

Aber ich wäre enttäuscht, wenn du dich damit zufriedengäbest. Ein erster Schritt ist es, dich und mich so zu lieben, wie wir sind – deine eigenen

*Schalen zu lieben und mich trotz meiner
Unvollkommenheiten zu lieben.
Ein größeres Geschenk ist es jedoch, mein Leben mit
dem tiefsten Ausdruck deines Herzens zu erleuchten,
damit ich mehr sehen kann, als es mir allein
möglich ist. Und wenn du dich für mich – oder
einen anderen Mann – entscheidest und mir dein
Herz vertrauensvoll tiefer öffnest, als es dir durch
die Liebe zu deinen eigenen menschlichen
Beschränkungen und Schalen möglich wäre,
dann wird dein Herz weit über ein bloßes
Wohlgefühl hinaus erblühen.*

*Der erste Schritt ist, dich, mich und jeden mit
all unseren Unvollkommenheiten zu lieben;
wir sind göttlich und in Ordnung so, wie wir sind.
Der nächste Schritt ist, sich im volleren Glanz eines
ergebenen Vertrauens als zwei Körper zu öffnen.
Dann können wir mehr sehen und unsere Liebe
tiefer darbieten, als wir es ohne den Spiegel der Liebe
und die Herzensforderung des anderen könnten.
Ein weiterer Schritt, um die Liebe zum Erblühen zu
bringen, ist es, zu vertrauen und sich der Liebe ganz
zu öffnen, die sich danach sehnt, durch die Herzen
aller Wesen hindurchzuscheinen.*

Im Bett übernimmst du vielleicht gern das Kommando, um deinen Geliebten mal zu unterweisen, mal zu lenken, aber wenn dein Partner unzulänglich ist – wenn deine spirituelle und sexuelle Führung *notwendig* ist, weil du seiner Fähigkeit, zu steuern, nicht vertrauen kannst –, bleibt dir die Hingabe versagt und dein Körper wird immer unzufriedener, was sich in Verspannungen, Stress, Erschöpfung oder Depressionen zeigen kann. Du willst, dass dein Partner dich kennt und erreicht, er soll deinen Körper kennen und wissen, wie er deine Offenheit zum Blühen bringt.

Wenn dein Mann nicht genug Tiefe besitzt, um dich zu spüren und zu öffnen, wird dein Körper unruhig, deine Stimme schrill, deine Bewegungen plump. Dein Bauch ist nicht von Lust erfüllt. Warum? Weil deine feminine Essenz, so gern du dein Leben beruflich, künstlerisch oder politisch steuerst, sich danach sehnt, sich der ganzen Liebe zu ergeben, statt immer alles im Griff zu haben und alle *spirituellen* und *sexuellen* Entscheidungen zu treffen.

Hast du dich schon einmal auf die liebevolle Führung eines Mannes verlassen? Hast du die Kontrolle abgegeben und deinem süß ergebenen Herzen gestattet, offen wie der Ozean zu fließen, wild und tief, statt sich an die enge vorgegebene Rinne eines funktionellen Kanals zu halten? Spirituell und sexuell möchte dein Herz von tiefer Liebe und untadeliger Integrität durchdrungen und erfüllt werden. Du möchtest als vollste Liebesgabe fortgerissen werden, ohne immer die Richtung vorgeben und deinen Geliebten lenken zu müssen.

Mag sein, dass es dir nichts ausmacht, die 100 Angestellten in deiner Firma zu managen, aber deinem Herz macht es nur wenig Vergnügen, deinen Partner zu managen. Als Geschäftsfrau, professionelle Künstlerin, Mutter oder Politikerin übernimmst du vielleicht wirklich gern Verantwortung. Doch wenn du eine feminine Essenz hast, willst du, wenn du mit deinem Geliebten Momente spiritueller und sexueller Nähe erlebst, nicht jedes Mal das Sagen haben und ihm zeigen, was er tun soll, willst ihn nicht zu größerer Tiefe führen und ihm beibringen, wie er sich öffnen soll. Du willst dich offen darbieten, ohne immer die Initiative ergreifen und das Steuer übernehmen zu müssen.

Dein Herz sehnt sich danach, gespürt, erkannt, durchdrungen, geliebt zu werden und sich auf Kommando hin zu öffnen, doch vielleicht hast du auch Angst, zu vertrauen.

Jeder Mann hat Grenzen, so dass du vielleicht Angst hast, von deinem Partner ein Kommando zu akzeptieren, weil du weißt, dass er vielleicht unsicher ist, und siehst, dass er tatsächlich manchmal unsicher ist. Vielleicht fehlen deinem Partner intellektuelle Fähigkeiten oder er hat kein Gespür für Energien. Vielleicht ist er unbeholfen und zögerlich, geht lieber auf Nummer sicher und ist Abenteuern abgeneigt. Vielleicht fehlen ihm die Tiefe, die Kraft und das sanfte Insistieren – nur mit diesen Eigenschaften kann er sich deine Hingabe verdienen. Wenn du dem KOMMANDO deines Partners sexuell und spirituell nicht völlig vertraust, *dann hast du ihn dir deshalb ausgesucht, damit du dich nicht offen hingeben und deine tiefste Herzenssehnsucht darbieten musst.*

Wenn du mit einem Mann zusammen bist, dem du nicht vertraust, dann nur deshalb, weil du eine Liebe ohne Hingabe einer weit offenen Hingabe in völligem Vertrauen vorziehst. Das gibt dir Sicherheit. Du hast Angst, die Kontrolle abzugeben – ein Teil von dir traut dem Kommando der Liebe nicht –, und deshalb hast du dir einen Partner ausgesucht, der mit seiner tiefen Integrität nicht von dir verlangt, dich hinzugeben. Würdest du dem Kommando der Liebe vertrauen, würdest du dich nur mit einem tiefgründigen Mann zufriedengeben, der dich tiefer öffnen kann, als du es ihn lehren könntest.

Männer sind wie Züge. Sie haben immer ein Ziel. Sich für einen Mann zu entscheiden und bei ihm zu bleiben, ist wie Zugfahren. Irgendwann wirst du dorthin gehen, wo dein Mann hingeht, in spiritueller und sexueller Hinsicht, oder du musst aussteigen. Du kannst die Richtung eines Mannes nicht in deinem Sinn verändern, ohne das Vertrauen in seine Navigationsfähigkeit zu verlieren.

Du möchtest keinen unbeugsamen Mann, sondern einen, der tief gehenden Herzensmut und authentische Wahrheit besitzt. Du möchtest einen Mann, der dich spürt, dir zuhört, all deine Worte in sich bewegt und dich dann fordert und dich an einen Ort bringt, den du ihm gar nicht nennen *könntest*, selbst wenn du es versuchen würdest.

Er führt dein Herz in neue Tiefen des Abenteuers und der Offenheit und zeigt dir neue Lebensbereiche.

Du kannst – und solltest – deinem Partner deine Gefühle umfassend vermitteln, ihm Rückmeldung geben, deine Liebe schenken und mit deinem Herzen spontan auf Lust und Schmerz reagieren. Ein wirklich guter Mann wird all deine Rückmeldungen und Gefühle aufnehmen, alles bedenken, was du ihm gezeigt hast, und dann dein Herz tief fordern. Er wird entscheiden, wohin sein Zug fährt, ob mit dir oder ohne dich. Und du willst es so haben.

Du willst keinen Mann haben, der seine Richtung deinen Wünschen anpasst. Was taugt er denn dann? Da kannst du genauso gut selbst eine Richtung einschlagen, wenn dein Partner seinen Weg verlässt, um den von dir vorgeschlagenen zu gehen. Du möchtest seine Weisheit spüren und sie respektieren können. Eine abhängige Frau ist bereit, ihre eigene Zielgerichtetheit aufzugeben, um sich die Zuneigung ihres Partners zu erhalten und in seinem Zug zu bleiben, auch wenn sie seiner spirituellen und sexuellen Weisheit nicht völlig vertraut. Eine unabhängige Frau besteht auf Gleichberechtigung beim Lenken des gemeinsamen Zuges oder beschließt, mit ihrem eigenen Zug zu fahren. Das ist klug, wenn sie ihrem Partner nicht zutraut, sie spirituell und sexuell mehr zu öffnen, als sie es selbst vermag.

Doch eine Frau, die bereit ist, sich tief und ergeben als zwei Körper zu öffnen, wird sich nicht mit weniger zufriedengeben. Sie ist reif genug, um zu wissen, welch himmlisches Vergnügen es bereitet, sich offen hinzugeben, um als die ungebändigte Kraft der Liebe gelebt zu werden. Deshalb sucht sie sich einen Mann, dessen Kommando sie tiefer und über den Punkt hinausführt, den sie für möglich hielt.

Eine tiefe enge Beziehung öffnet dich mehr, als du es selbst vermagst. Ist dein Partner unfähig, dich durch sein Kommando zu glückseliger, immer tiefer werdender Hingabe zu öffnen, wieso hast du ihn dir dann ausgesucht? Hat ihn ein Teil von dir – vielleicht unterbewusst – *ausgesucht*, damit du dich nicht in völligem Vertrauen offen hingeben musst? Kann es sein, dass ein Teil von dir Angst hat, dein Herz ungeschützt zu öffnen, und du aus diesem Grund einen Mann angezogen und ausgesucht hast, dessen Kommando mit Angst behaftet ist, so dass du dein Misstrauen und deine Verschlossenheit rechtfertigen kannst?

Vertraust du deiner *eigenen* tiefsten Herzenssehnsucht?

Wenn du wirklich bereit bist, dich für grenzenlose Liebe zu öffnen, und dein Partner wirklich nicht gewillt ist, zu wachsen, musst du ihn vielleicht verlassen. Wenn er in Bezug auf spirituelles und sexuelles Kommando nicht so weit wachsen will, dass dein Herz ihm vertrauen kann, musst du vielleicht ohne ihn weitergehen. Lass dein Herz offen, während du die Leere des Alleinseins erträgst, bis deine Ergebenheit sich so weit vertieft, dass du einen vertrauenswürdigen Mann anziehst und aussuchst.

Willst du dich wirklich offen und vertrauensvoll als zwei Körper hingeben, dann such dir einen Mann, dessen Zug bereits tiefer und weiter fährt, als du dich öffnen kannst – und bleib bei ihm.

Suche dir einen Mann, der dich tiefer öffnet, als du es bisher selbst zu tun imstande warst. Suche dir aber auch einen Mann, der dich tiefer führt, als du es könntest, wenn du gelegentlich das Steuer übernimmst, und der von dir erwartet, dass du die halbe Verantwortung trägst. Ein tiefer, integerer Mann führt dein Herz zu seinem, wenn er steuert; er spürt die Reaktion deines Herzens, stimmt sein Tun darauf ab und bewertet dein Feedback stets. Doch er wird das Steuerrad weder aufgrund deines noch jemandes anderen Feedbacks loslassen oder schlechter steuern.

Er spürt von seinem Herzen aus nach draußen zu allen, er trägt allen Herzen Rechnung, handelt deshalb spontan aus tiefer Liebe heraus und lässt sich nicht von Zögerlichkeit bremsen. Bei seinem Tun spürt er immerfort dein Herz und alle Herzen und stimmt jede Handlung allen zuliebe darauf ab. Du kannst spüren, wie tief er sich auf die Liebe und das grenzenlose Darbieten seiner tiefsten Gaben eingelassen hat, und kannst dich deshalb entspannt öffnen und *deine* tiefsten Herzensgaben darbieten. Sein von Liebe getragenes Kommando ermöglicht deine von Liebe getragene Hingabe und dein umfassendes Feedback.

Er schenkt dir seine tiefste Gabe, indem er dich beharrlich über die Grenzen deines Herzens hinaus- und zur vollsten Liebeshingabe und zum vollsten Liebesausdruck hinführt. Er öffnet sich Gott jetzt, mit oder ohne dich – und erkennt an, dass ihr beiden euch als Zug mit zwei Körpern weiter öffnet als allein. Er umarmt dein Herz und spürt deine köstlichen Reaktionen, er korrigiert seine Irrtümer, während er standhaft weitergeht, und seine starke Führung und sein Respekt vor deiner Gefühlsweisheit öffnen euch beide in immer tiefer werdender Liebe und Fülle.

Wenn du so einen Mann *nicht* willst, dann übernimm das Steuer wieder selbst. Zeige dein Misstrauen durch deinen verspannten, verkrampften Bauch und deine verzerrte Stimme. Wenn du so einen Mann aber wirklich willst, dann übe dich darin, dich offen zu ergeben und dich dem Kommando der Liebe zu überlassen, während du dein Herz ganz und gar zum Ausdruck bringst. Wenn du allein bist, übe dich darin, dein Herz zu spüren und deinen Körper, deine Atmung und deine Emotionen zu öffnen, damit die Liebe sich durch dich ausdrücken kann und nicht mehr von den vielen Schalen maskuliner Selbstbeherrschung behindert wird, mit denen du dich aus Angst umgeben hast.

Du kannst in dein Zimmer gehen, die Tür zumachen, dich ausziehen und zu deiner Lieblingsmusik tanzen. Und wenn du mit dem Tanzen aufhören willst, dann bleib weiterhin offen. Lass die Liebe deine Gliedmaßen und Hüften in Bewegung versetzen, lass die Energie sich entfalten und durch dein Becken und deinen ganzen Körper zum Ausdruck kommen, erst recht, wenn du überhaupt keine Lust hast zu tanzen. Wenn dein Verstand anfängt zu plappern oder dein Körper sich verschließt, bleib weiterhin offen und tanze weiter; übe dich darin, dich von der Energie der Musik weiter öffnen zu lassen. Gib dich der göttlichen Kraft hin, die dich durchströmt, und verleihe deinem Herzen durch deinen ganzen Körper vollen Ausdruck.

Übe, die Sehnsucht deines Herzens zu spüren, deine Muskeln zu lockern und dich tanzen zu lassen, als wärst du von einem vollen Liebesstrom erfüllt, der dich öffnet. Atme Liebe in dein Herz ein und wieder aus. Spüre deine Freunde, deine Kinder – spüre jedermann – und atme ihre Liebe in dein Herz ein und wieder aus, während du so groß wie das Leben tanzt. Tanze und atme dabei jedermann. Während du als jedermann tanzt, lass deine Gefühle durch jede Zelle deines Körpers strömen, weine, schreie, seufze, atme und tanze, während die Liebe durch dich zum Ausdruck kommt.

Liebe ist nicht etwas, das geschieht oder nicht geschieht. Liebe ist eine Disziplin, ein stetes Üben und eine stete Verpflichtung, deine Schalen zu spüren *und sie zu lieben*, indem du dich humorvoll entspannst und dich durch deine von der Liebe aufgeweichten Schalen hindurch offen ergibst, die deine Energie sonst unterdrücken und Mauern um dein Herz errichten würden.

Liebe deine Schalen, wenn die Angst dich fest umklammert, und *bringe dann deine tiefste Sehnsucht* deinem Partner gegenüber zum Ausdruck. Wenn du einen Mann willst, dem du zutraust, dass sein Zug dich dorthin bringt, wo du hinwillst – und darüber hinaus –, dann kannst du deinen Zug mit der Tiefe deiner Liebessehnsucht inspirieren und seine Richtung mit der Intuition deines Herzens und dem vollsten Ausdruck deiner spontan dargebotenen Liebesenergie beeinflussen.

Fährt sein Zug in die falsche Richtung, dann gibt deine getanzte Unzufriedenheit ihm eine Warnung. Fährt sein Zug weiterhin in die falsche Richtung, ist dein Zorn nicht zu übersehen, deine Fänge werden länger, du fährst deine Krallen aus, und eine nicht zu unterdrückende, spontane Wut tanzt durch dein offenes Herz, deinen offenen Körper.

Du wirst einen Mann anziehen und halten, der seine Integrität genauso konsequent aufrechterhalten kann, wie du deinen Tanz durch von der Liebe aufgeweichte Schalen untadelig und ohne Frustrationen darbieten kannst. Und das ist für keinen von euch leicht.

Für dich ist es leichter, deinen Partner nicht mehr verändern zu wollen; zu lernen, dich so zu lieben, wie du bist, und einfach so weit zu wachsen, dass du einen Trottel bei dir zu Hause ertragen kannst. Für deinen Partner ist es leichter, sich im Badezimmer einen runterzuholen oder sich eine Geliebte zu suchen, statt dich so zart und so nachdrücklich zu fordern, dass deine Ergebenheit ihn tiefer als ein Arsch und Titten anzieht.

Dein Partner muss seine Herzenspräsenz und du musst die Ergebenheit deines Herzens rückhaltlos geben – manchmal heftig, manchmal sanft –, sonst entgleist sein Zug, wenn du dein Geschenk zurückhältst oder du dich damit zufriedengibst, dich selbst zu lieben und ihn so zu lassen, wie er ist. Er wird in seichtes Gewässer abdrehen, und dein unerkanntes Herz wird irgendwann in düstere Stimmungen versinken.

Wenn du eine Beziehung willst, die das Heilige widerspiegelt, dann spüre in jedem Moment immer wieder deine tiefste Herzenssehnsucht. Lass dich nicht durch oberflächlichere Begehren ablenken, es sei denn, du willst einen Mann anziehen und inspirieren, der genauso abgelenkt ist. Ein Mann, den du aus einem oberflächlichen Begehren heraus anziehst, schenkt dir vielleicht Sicherheit, eine Familie und Urlaubsvergnügen, doch er weiß bestimmt nicht, wie er mit dir in tiefer göttlicher Liebe leben soll. Indem du nur deine oberflächlichen Begehren spürst und darbietest, wirst du einen Mann anziehen und inspirieren, der weniger bietet, als sich dein tiefstes Herz wünscht.

Wenn du einen Mann willst, der sein tiefstes Bewusstsein darbieten und eine heilige Beziehung mit dir gestalten kann – und vielleicht obendrein Sicherheit, Familie und Urlaub bietet –, dann spüre deine tiefste Herzenssehnsucht, vertraue ihr und biete sie dar. Dann werden deine göttlichste Liebessehnsucht und deine tiefste Weisheit den Mann erwählen, den du wirklich schätzt und inspirierst. Deine Beziehung wird dein heiligstes Herzenslicht widerspiegeln.

18
Zeige Lust und Verletztheit

Wenn ich bei dir bin, möchte ich wissen, wie ich auf dich wirke. Ich möchte wirklich gern wissen, wie du dich genau jetzt in diesem Moment fühlst. Ich möchte wissen, was dein tiefstes Herz spürt. Aber oft verblüffen mich deine emotionalen Reaktionen. Für mich scheint alles in Ordnung zu sein, und dann bist du plötzlich wütend oder weinst oder regst dich über irgendetwas auf.

Wenn wir später darüber reden, stelle ich oft fest, dass deine Emotionen von etwas ausgelöst wurden, was ich gestern oder vor zehn Minuten getan habe. Deshalb bin ich frustriert. Du regst dich auf, aber ich kann an der Vergangenheit nichts ändern und erinnere mich an bestimmte Dinge oft nicht mehr so genau wie du. Manchmal kannst du gar nicht sagen, weshalb du dich so schlecht fühlst. Und anscheinend gelingt es mir nicht besonders gut, den Grund zu erraten, vor allem wenn du ihn selbst nicht genau kennst.

Aber es gibt auch Zeiten, in denen deine emotionalen Reaktionen mein Herz öffnen. Wenn ich etwas tue, das dich verletzt, und du mir dein Verletztsein sofort *zeigst, kann ich deine Gefühle verstehen.*

Mein Herz kann die Reaktion deines Herzens auf mein Tun genau in diesem Moment spüren. Ich schätze es wirklich sehr, wenn du mir deine Lust oder deinen Schmerz sofort zeigst, denn dann kann ich lernen und wachsen. Ich möchte wirklich wissen, wie du dich fühlst, aber ich lerne am besten, tiefer und integrer bei dir zu sein, wenn ich deine Gefühlsreaktion genau jetzt *erfahre, während sich dein tiefstes Herz entfaltet, und nicht indem ich mir Dinge aus der Vergangenheit anhören muss, die du in dich hineingefressen hast.*

Beim Sex und im Alltag, wenn dein Geliebter deine Energie spüren und dich geschickt dazu bringen kann, tiefer und leidenschaftlicher zu fließen, entspannt sich dein Körper. Du kannst ihm vertrauen und dich der Tiefe seines liebevollen Kommandos ergeben. Wenn er unfähig scheint, dich zu spüren, entziehst du ihm automatisch dein Vertrauen, übernimmst die Kontrolle und lenkst dich selbst, so gut es geht.

Es ist sexy, zu erleben, wie die Liebesfähigkeit deines Partners deine Energie erspürt und sich mit ihr bewegt und dich in atemberaubendere Höhen der Lust und tiefe Tiefen der Hingabe mitnimmt; auf diese Weise stellt er fest, dass deine energetische Empfänglichkeit sexy ist. Die meisten Männer finden nämlich die Empfänglichkeit einer Frau äußerst sexy.

Öffnet sich dein Körper erschauernd bei der sexuellen Umarmung mit deinem vertrauten Geliebten, wenn seine Fingerspitze über deine Brustwarze gleitet? Weinst du ungeniert, wenn er dir seine Liebe darbietet? Reagiert dein Herz in ergebener Verehrung, wenn er dir sein tiefes Bewusstsein und seine Präsenz darbietet?

Nur wenige Männer haben dein volles Vertrauen verdient, aber wenn du mit einem vertrauenswürdigen Mann zusammen *wärst*, könntest du dann deinen Körper weit öffnen, dich offen über den Rand des Universums hinaus ergeben und ihm mehr von deiner Furcht einflößenden Lust schenken, als ihm jemals vergönnt war zu sehen?

Du wirst einen Mann anziehen und inspirieren, der dich öffnen und so tief ins Glück führen kann, wie du ihm durch die Empfänglichkeit deines Körpers darbieten kannst, das Glück deines Herzens zu nehmen. Den größten Sexappeal, den du einem tiefgründigen Mann als Trumpf bieten kannst, ist, wenn deine Herzensenergie sich wellenartig nach außen zeigt, durch deinen Körper, durch die Art, wie du die Hüften bewegst, wenn du deine Brüste zeigst, deine Lust hinausstöhnst und dich hingebungsvoll windest.

Eine junge unbeugsame Frau, die verschlossen und energetisch tot ist, ist nicht halb so sexy wie eine ältere Frau, die ihre Lust mit offenem Herzen darbietet, indem sie immer wieder hingebungsvoll stöhnt und sich sinnlich windet, deren Augen, Mund, Vagina und Beine sich voller Hingabe bewegen und sich unstillbarer Sehnsucht öffnen, die absolutes Vertrauen hat, die ihrem Partner ihr tiefstes Herz und jedes Gramm ihrer Lust schenkt, damit er sie spürt, verehrt und betrachtet – so eine Frau ist sexy, unabhängig von ihrem Alter. Sie ist in ihrem Herzen verankert und verschenkt ihre Liebe großzügig.

Aber nicht nur deine Herzenslust ist ein Geschenk, sondern auch dein Herzschmerz, wenn er durch einen offenen Körper, ein offenes Herz gegeben wird. Du kannst dir vorstellen, wie es ist, wenn dir dein Partner tief in die Augen schaut, aufrecht und stark dasitzt, in dein Herz hineinspürt und ohne den Blick abzuwenden anfängt zu weinen. Es ist unglaublich sexy zu spüren, wenn ein Mann trotz seiner Stärke so verletzlich ist. Genauso spürt dein Partner deine empfängliche Lebendigkeit und Sehnsucht, deine Offenheit, sich von der Energie der Liebe bewegen zu lassen, wenn deine Emotionen sichtbar und über deinen Körper, dein Gesicht und Geräusche spürbar werden.

Doch es ist etwas ganz anderes, Emotionen aufzustauen – und sie irgendwann explosionsartig wie Gift zu entladen –, als jede kleinste Emotion *spontan* zum Ausdruck zu bringen, während sich der Fluss durch dich öffnet. Der spontane, aus tiefstem Herzen durch deinen offenen Körper kommende Ausdruck von Emotionen und deine entspannte Atmung, ohne dich zu verschließen oder zu verspannen, sind ein natürlicher Ausdruck von Liebe – auch wenn die Liebe sich als Kummer, Wut oder Angst äußert.

Mit mehr Übung kannst du lernen, Lust, Schmerz und Emotionen spontan und *aufgeschlossen* auszudrücken, sobald sie sich zeigen, und sie dann sofort loszulassen, während dein Herz dabei immer offen ist und sich mit dem Herzen deines Geliebten verbindet, auch während deine Lust, dein Schmerz und deine Emotionen fließen. In dem Moment, wo du die Augen schließt, deinen Bauch oder Kiefer anspannst, dich abwendest, den Atem anhältst oder dich auf dem Boden krümmst, öffnest du dich nicht mehr, sondern verschließt dich. Der Fluss der Emotionen wird nun zu angestauter Energie, und wenn du diesen angestauten, unverdauten emotionalen Klumpen deinem Geliebten vorwirfst, kann er die offene Sehnsucht deines Herzens nicht mehr spüren.

Eine weinende offene Frau ist sehr sexy; eine weinende verschlossene Frau nicht.

Du kannst lernen, offen zu bleiben, während all deine Emotionen fließen. Selbst wenn Wut fließt, kannst du lernen, den Blickkontakt zu deinem Geliebten aufrechtzuerhalten. Du kannst üben, mit ihm zu atmen, sein Herz zu spüren, seine Liebe zu dir und deine Liebe zu ihm zu spüren. Du kannst üben, deinen Körper entspannt zu öffnen, während du gellende Schreie ausstößt.

Alle Emotionen können fließen (und fließen auch), wenn dein Herz offen und mit dem deines Geliebten verbunden ist. Diese Offenheit ist sexy, auch wenn sie sich als Wut, Trauer oder Angst zeigt. Du bietest lediglich deine Emotionen durch die Offenheit deines Körpers und Herzens dar, während sie dich wellenartig durchlaufen. Du hältst nichts zurück. Du kannst im einen Moment zornig schreien und gleich darauf offen sein und dich sexuell nehmen lassen.

Mit etwas Übung kannst du deine Emotionen aus tiefstem Herzen durch deinen offenen Körper spontan und aufgeschlossen für alles – ob sichtbar oder unsichtbar – zum Ausdruck bringen. Wie das Wetter sind deine Emotionen zu gewaltig und komplex und ihre Einflüsse zu zahlreich und unauffindbar, als dass sie sich mit dem Verstand erfassen ließen. Um dich zu öffnen und deine tiefste Herzenssehnsucht zum Ausdruck zu bringen, brauchst du nicht zu wissen, *warum* du spürst, was du spürst.

Ein Schlüssel zur Vertiefung der Nähe ist, deine Herzenssehnsucht immer offenzuhalten und mit deinem Geliebten verbunden zu bleiben, während deine Emotionen durch dich fließen. Wenn du Angst hast, dich auszudrücken, wirst du in dir Emotionen aufstauen.

Ist dein Partner beispielsweise nicht ganz präsent bei dir, fühlt sich dein Herz verletzt. Wenn du diese Verletzung nicht vollkommen und spontan aus offenem Herzen zum Ausdruck bringst – als Tränen oder Schmerzensschreie –, dann wird sich diese unterdrückte emotionale Energie in Wut verwandeln. Deine *primäre Emotion* in diesem Fall ist Verletztsein. Deine *sekundäre Emotion* ist Wut, die entstand, weil du die Verletzung unterdrückt hast.

Du kannst die sekundäre Emotion – die Wut – dir zuliebe loslassen, einfach um die Spannung abzubauen und den Stress loszuwerden. Du kannst zum Beispiel schreien und auf ein Kissen einschlagen. Aber dein Partner wird den Eindruck haben, mit deiner sekundären Emotion nicht umgehen zu können, und sie nicht besonders einladend finden. Deine sekundäre Emotion wird ihm wie ein Rest von Spannung aus der Vergangenheit vorkommen. Und deine primäre Emotion – in diesem Fall das Verletztsein – wird unausgesprochen bleiben. Dein Partner wird nicht fähig sein, die echte Sehnsucht deines Herzens zu spüren.

Du kannst eine tiefe Beziehung führen, indem du deiner tiefsten Herzenssehnsucht immer durch die primäre Emotion Ausdruck verleihst, die aus deinem offenen Herzen aufsteigt. Bringe dein tiefstes Herz sofort und spontan durch deinen offenen entspannten Körper zum Ausdruck, statt es zu unterdrücken und damit eine sekundäre Emotion in dir entstehen zu lassen.

Biete deinem Partner die spontane aufgeschlossene Musik deines sehnsuchtsvollen Herzens dar, die durch deine primäre Emotion zum Ausdruck kommt. Deine primäre Emotion kann Wut, Verletzsein, Traurigkeit, Angst, Kummer oder jede andere Energie sein, die aus deiner tiefsten Herzenssehnsucht aufsteigt. Es können auch alte Verletzungen nach oben gespült werden, aber alles wird von der tiefsten Stelle der Liebessehnsucht aus dargeboten, die du einnehmen kannst.

Wie wird dein Partner auf den spontanen Ausdruck deiner primären Herzensemotion reagieren? Oberflächlichere Männer werden versuchen, dich durch Beherrschen zum Schweigen zu bringen oder dich zu beruhigen, damit du über deine Gefühle sprechen kannst. Aber ein tiefgründiger Mann wird ganz in deiner Herzensmusik leben und auf diese Weise dein Herz öffnen, so dass deine primäre Emotion rückhaltlos ungeschmälert zum Ausdruck kommt.

Lass dir und deinem Partner ein wenig Zeit, um von früheren Beziehungsmustern umzuschalten. Gib deinem Partner die Gelegenheit zu lernen, wie er sich mit der tieferen Ausdrucksform deines Herzens öffnet. Das Risiko, eure Herzen gemeinsam zu öffnen, während eure primären Emotionen fließen, erfordert Übung und Mut.

Wenn deine Herzenssehnsucht offen und mit dem Herzen deines Geliebten verbunden ist, magst du schreien und dich dann entspannen und lachen. Du magst weinen und dann lachen, weil du die liebevolle Präsenz deines Partners spürst. Deine primären Emotionen werden weiterhin zirkulieren und fließen, aber du wirst dich nicht einen Moment lang unterdrücken, und deshalb können sich gar keine sekundären Emotionen in dir aufbauen.

Du wirst feststellen, dass du mit deinem Partner nicht mehr so oft „über etwas zu reden“ brauchst, weil dein Herz in jedem Augenblick alles zum Ausdruck bringt, während es sich ebenfalls sehnsuchtsvoll tiefer öffnet als Reaktion darauf, dass es gefordert wird. Da du weißt, dass du deine Gefühle nicht zu erklären brauchst, kannst du dich entspannen und tiefer und umfassender ausdrücken.

Wenn dein Herz gefordert wird, kann es deine spontane emotionale Musik angstfrei darbieten. Du fürchtest weder Liebesverlust noch Missfallen und hältst dich auch nicht für zu schwach, um es zu genießen, wenn dein Partner dein Herz fordert. In deinem Herzen lebt die unerschütterliche Präsenz deines Partners, und deshalb kann dein Herz spontan singen oder klagen oder weinen – während es sich in Ergebenheit für die Liebe öffnet, die dich so vollkommen erfüllt.

19
Die mangelnde Feinfühligkeit der Männer

Manchmal schaue ich dich an und frage mich: „Was ist gerade los mit ihr?" Ich merke, dass etwas in dir vorgeht, weiß aber nicht, was. Bist du wütend, zeigst es aber nicht? Langweilst du dich, sagst es aber nicht? Bist du einfach glücklich und entspannt? Manchmal weiß ich wirklich nicht Bescheid.

Selbst beim Sex weiß ich nicht weiter. Bewegst du dich nicht, weil du in Glückseligkeit verloren bist, oder weil du versuchst, mir mitzuteilen, dass du müde bist? Hast du gezittert und gestöhnt, weil du gerade einen Orgasmus gehabt hast oder weil ich dir versehentlich wehgetan habe? Willst du das Liebesspiel beenden oder geht es jetzt erst richtig los?

Ich versuche, in dich hineinzufühlen, aber oft bin ich ratlos. Deine Freundinnen haben dieses Problem anscheinend nicht. Es scheint, als könnten sie deine Gefühle daran ablesen, wie du unmerklich deine Augen verengst, beim Sprechen eine Pause machst oder eine Berührung zurückhältst. Aber ich bin nicht so feinfühlig wie deine Freundinnen, obwohl ich deine

Botschaften doch wirklich gern verstehen möchte. Du musst mir zuliebe etwas ausführlicher kommunizieren, damit ich deine Botschaften wahrnehmen und hoffentlich verstehen kann.

Das Maskuline lebt in einer Welt, in der es um Ziele und Pläne, Rechtschaffenheit und Ungerechtigkeit, Erfolg und Misserfolg geht. Wahrscheinlich kann ein Mann die leisen energetischen Botschaften, die du ihm sendest, erst dann spüren, wenn deine Energie sich laut bemerkbar macht. Vielleicht bist du drei Tage lang wütend, bevor es ihm auffällt und er dich fragt: „Stimmt etwas nicht?" Genauso im Bett: Für ihn mag deine Lust unsichtbar sein, so dass er fragen muss: „Bist du eigentlich gekommen?"

Das Maskuline reagiert nicht empfindlich auf die Energie, die dein ureigenstes Milieu ist. Deshalb musst du deine Reaktionen vielleicht übertreiben, wenn dein Partner auch an dein Herz denken soll. Spiele keine Gefühle vor. Bring die wahre Reaktion deines Herzens richtig zum Ausdruck und bausche sie der – verglichen mit deiner Feinfühligkeit – „Taubheit" und „Blindheit" deines Partners zuliebe auf.

Wenn dein Herz angesichts der Tiefe und Integrität deines Partners erschauert, dann zeig es ihm. Laut. Offenkundig. Umschlinge ihn und gib dazu lustvolle orgasmische Geräusche von dir. Sag ihm, dass du seine Integrität verehrst. Sag ihm ruhig: „Ich verehre die Tiefe deines Bewusstseins. Ich verehre die Tiefe deines Herzens. Ich liebe deine Integrität."

Zeig deinem Partner andererseits aber auch in aller Lautstärke, wenn er abwesend ist, wenn seine Integrität hinter seinen Alibibeschäftigungen und seiner beschränkten Blindheit in sich zusammenfällt. Brülle und schrei. Weine und zittere. Zeig deine Abscheu, als stündest du auf einer Bühne vor tausend Zuschauern. Übertreibe dein Missfallen genauso wie dein Gefallen, dann wird dein Partner es bemerken.

Oberflächlichere Männer werden zwar davonlaufen oder sich abwenden – auf sie könntest du ohnehin verzichten –, doch ein tiefgründiger Mann wird auf deine Verehrung oder deine Wut reagieren, indem er sein Tun sofort korrigiert. Dass du seine Integrität verehrst, zieht ihn tiefer in die Liebe und öffnet ihn, damit er tief in die Intuition und Weisheit deines Herzens hineinfühlen kann; es ermutigt ihn und lässt seine Verpflichtung zur Liebestiefe stärker werden. Dein Zorn als Reaktion darauf, dass er sich gelegentlich selbst betrügt oder gefühllos und unentschlossen ist, wird für ihn ein Schlag ins Gesicht sein, der ihn wachrüttelt und ihm zeigt, dass dies eine Gefahrensituation ist, die er vermutlich nicht wahrgenommen hat, und wird ihm die Gelegenheit geben, sofort Maßnahmen zu ergreifen, statt blind weiterzustolpern.

Ohne deine übertriebene Herzensreaktion wird dein Partner eher an seinen Plänen festhalten als an allem anderen. Mag sein, dass er die Beziehung mit dir weiterführt, aber sein Bewusstsein wird eher oberflächlicher werden, weil er erfüllendere Wege und Dinge verfolgt. Sein Leben wird eintönig. Die von deinem Herzen freigiebig dargebotene – zornige oder ergebene – Energie erweckt und öffnet das Herz deines Partners tiefer für eine Welt der Feinfühligkeit, die ihm andernfalls verschlossen bliebe.

Vergiss nicht, dass die Art, wie sich dein Herz ausdrückt, nicht immer in vernünftige Worte gekleidet werden muss. Manchmal ist es besser, wenn du deinem Partner Gelegenheit gibst, die Energie deines reaktionsbereiten Herzens zu spüren, ohne dass er versucht, den Inhalt deiner Worte mit dem Verstand zu entschlüsseln. Es wird dir sowieso nicht gelingen, deine Gefühle exakt auszudrücken. Vielleicht willst du ihm die Gelegenheit geben, deinen Fluss zu spüren und ihn mit seiner liebevollen Präsenz zu durchdringen, damit er dein tiefstes Herz als seines kennenlernen kann. Dann kann selbst deine unerklärliche, unaussprechliche Herzensweisheit sich auf die Gabe seines Lebens einstellen – vorausgesetzt, du übertreibst deine Reaktionen so sehr, dass er sie bemerkt!

20
Wie man offen bleibt

Wir beide haben Angewohnheiten, die uns trennen, besonders in heftigen Zeiten. Wenn wir uns über einander aufregen, werde ich kurz angebunden und stur. Manchmal sieht es so aus, als ob du im Strom deiner Emotionen davonfließt, und dann kann ich dein liebendes Herz nicht mehr spüren. Ich weiß, dass du mich liebst. Und ich liebe dich. Aber manchmal verlieren wir uns in unseren eigenen Schalen der Verschlossenheit und lassen nicht zu, dass sich unsere Herzen in Liebe verbinden.

Ich möchte lernen, tief in Liebe mit dir verbunden zu bleiben, auch wenn unsere Schalen der Angst uns ansonsten voneinander fernhalten würden. Ich lasse mich darauf ein, mich in Liebe zu üben, erstens dadurch, dass ich mich selbst so liebe, wie ich gerade bin, und zweitens, indem ich dich so liebe, wie du gerade bist. Aber darüber hinaus verpflichte ich mich auch, mich der Liebe zu öffnen, die umfassender lebt als du oder ich oder unsere Beziehung. Ich möchte mich mit dir in Zwei-Körper-Liebe verbinden, damit wir lernen können, uns für die Liebe zu öffnen, die als das gesamte Universum lebt, die Liebe, die sich danach sehnt, sich aus den Tiefen von jedermanns Herz heraus zu öffnen.

Manche Frauen verwechseln Offenheit mit einem Gefühl von Wohlbefinden. Aber du kannst offen sein und immer noch großen Schmerz oder die gesamte Bandbreite emotionaler Musik empfinden. Du kannst wütend, traurig, ja voller Angst und dennoch offen sein. Du kannst den Wunsch haben, deinen Partner umzubringen, und trotzdem offen sein. Offenheit heißt, dem zu vertrauen, was du spürst – dieses Vertrauen ist Liebe. Egal, was du fühlst, du kannst deine Emotionen genauso lieben wie die deines Partners – und nicht nur das.

Mit etwas Übung öffnet sich dein Herz vertrauensvoll, liebt deine Schalen, deine Emotionen und jedwede Energie, die dich und deinen Partner durchströmt, egal wie schlecht du dich fühlst. Wenn du dich im Vertrauen öffnen kannst, bist du als Liebe lebendig, auch wenn die Liebe als Energie der Wut, Trauer oder Angst strömt. Damit du und dein Partner zu größerer Liebe und größerem Vertrauen heranwachsen könnt, könnt ihr aufs Geratewohl täglich die fünf folgenden Übungen machen, besonders in emotional angespannten Zeiten:

1. Nehmt Blickkontakt auf

Angenommen, dein Geliebter beschimpft dich und lässt dich dann links liegen. Du bist verletzt und beginnst, innerlich vor Wut zu schäumen. Er weicht deinem Blick aus oder du machst die Augen zu.

Haltet stattdessen Blickkontakt. Auch wenn du verärgert bist, schau deinem Partner direkt in die Augen. Wenn du tief genug in sein Herz blickst, wirst du den Teil von ihm spüren, den du liebst, auch wenn du gerade Hass verspürst.

Schau deinem Partner richtig in die Augen und spüre seine tiefe Stärke, seine Integrität und seine Liebe zu dir. Vielleicht kannst du nur ein winziges Stück seiner Stärke und Integrität in einem Haufen Unrat sehen, aber fühle dich weiter in dieses winzige Stück ein. Tu dein Bestes, um den Unrat zu lieben, und liebe dann tiefer in sein Herz, spüre seine Liebe zu dir, auch wenn ein Großteil von ihm abgestoßen zu sein scheint. Er hat dich ausgesucht; er ist bei dir; tief in deinem Innern kannst du spüren, wo er dich gerade jetzt immer noch liebt.

Schau in sein tiefstes Herz und schenke ihm dein tiefstes Herz durch deine offenen Augen.

2. Atmet gemeinsam

Wenn du deine Atmung einschnürst, blockierst du deine emotionale Energie. Wenn du richtig voll atmest, kann deine Energie richtig fließen. Wenn du die Energie deines Partners spüren kannst, *während* du voll atmest, dann kann seine Energie voll *mit* dir fließen. Wenn du deine Atmung einschnürst, kannst du weder deinen Partner noch dich selbst voll spüren. Dein Herz wird hinter deiner unterdrückten Atmung abgekapselt bleiben.

Biete deinem Partner also die Möglichkeit, sich energetisch mit dir zu verbinden, indem du offen mit ihm atmest. Tu zunächst dein Bestes, um dich und deinen Partner so zu lieben, wie ihr gerade seid, und entspanne und öffne deine Atmung etwas mehr. Spüre dann die Atmung deines Partners und stimme deine Atmung auf seine ab. Gestatte dir, das zu spüren, was dein Partner spürt; atme, wie dein Partner atmet. Atmet gemeinsam, während ihr euch in die Augen schaut, auch wenn ihr euch am liebsten gegenseitig erwürgen würdet.

Übe, dein Herz in Liebe und Vertrauen zu öffnen, indem du deinen Partner ein- und ausatmest. Atme seine Liebe und seine Dummheit, seine Stärke und seine Blindheit, seine Liebenswürdigkeit und seine Wut. Atme alle Eigenschaften deines Partners ein und wieder aus und öffne dich, damit du *mit* ihm als ein einziges atmendes, aus zwei Körpern bestehendes Wesen der Liebe atmen kannst.

3. Entspanne deinen Körper

Sich zu entspannen heißt nicht schlaff zu werden. Sich zu entspannen heißt, sich zu öffnen, damit Liebe und emotionale Energie deinen Körper ungehindert durchströmen können. Du kannst dich entspannen und dabei schreien und herumhüpfen. Du kannst dich entspannen und dabei wimmern und jammern. Wenn du dich entspannst, lockert die Liebe deine starren Muskeln, so dass dich alle Energien ungehindert durchströmen können. Am wichtigsten ist es, deine weichsten

Teile zu öffnen, während du in Emotionen fließt. Deine Lippen, deine Zunge, deine Kehle, dein Herz, dein ganzer Bauch, deine Genitalien – alle weichen Teile in der Körpermitte oder an der Körpervorderseite sind Hauptadern beziehungsweise Hindernisse für den Fluss deiner Energie.

Wenn dein Bauch verspannt ist, wird deine Wut unterdrückt bleiben, aber später als Giftschwall hervorbrechen oder sich gegen dich richten. Wenn dein Herz verschlossen ist, werden deine Emotionen abprallen und lieblos und destruktiv nach innen oder außen wirken. Wenn dein Kiefer verkrampft ist, löst sich die Verbindung zwischen Kopf und Körper, und die Energie wird sich als Verspannung in deinen Schultern festsetzen und in deinem Schädel hämmern.

Doch wenn du deinen Körper liebst, wenn du Bauch, Herz und Kehle öffnest, wenn sich Gesicht und Genitalien lockern und entspannt öffnen, können deine Emotionen dich ungehindert durchströmen. Dein Körper kann von deiner wahren Herzenssehnsucht und dem spontanen Fluss deiner tiefsten emotionalen Energie bewegt werden – du wirst getanzt von der tiefsten Liebe und Energie deines Herzens.

Vielleicht fließen Kummer oder Boshaftigkeit oder Entsetzen in deinen Tanz ein. Du kannst alles lieben, was dich durchströmt. Wenn du dich nicht festklammerst und den Fluss nicht anhältst, wird deine Energie spontan aus tiefstem Herzen emporsteigen, sie wird die offene Sehnsucht deines Herzens zum Ausdruck bringen, und dann wogt die nächste Welle der Sehnsucht und Energie als ungehinderter Liebesstrom durch deinen Körper.

4. Spüre aus tiefstem Herzen zu seinem Herzen

Während du deinem Geliebten in die Augen schaust, mit ihm atmest und deinen Körper entspannst, damit er von der Sehnsucht und Energie des Herzens im Tanz geöffnet werden kann, spüre auch in das Herz deines Geliebten hinein. Strecke von deinem Herzen aus deine Fühler in sein Herz hinein. Greife von deinem Herzen aus nach seinem Herzen und öffne dein Herz, um seine Herzensliebe zu empfangen.

Das ist sehr schwierig, wenn man gerade emotional angespannt ist. Wenn dein Partner dich anschreit oder du ihn hasst, wird dein Herz versuchen, die Verbindung zu ihm zu unterbrechen, um sich zu schützen. In solchen Momenten musst du bewusst deine Herzfühler in das Herz deines Geliebten ausstrecken. Heftige Emotionen sind keine Ausrede, um die Herzensverbindung abzubrechen. Wenn du tiefe Nähe willst, musst du üben, dein tiefes Herz direkt mit seinem zu verbinden, auch wenn du sein Herz jetzt am allerwenigsten spüren willst.

Dies sind die kritischsten Momente: Wenn ihr euch gegenseitig verletzt, wirst du dann üben, deine Verletzung zu lieben, seine Verletzung zu lieben und dich weich zu öffnen, damit du dein Herz noch tiefer darbieten kannst? Wirst du in sein *tiefstes* Herz hineinspüren, während du dich öffnest, um seine Herzfühler aufzunehmen?

Wenn du nicht üben kannst, sein tiefstes Herz von deinem Herzen aus zu spüren, dann führst du in gewisser Hinsicht eine Trennung herbei. Du leugnest die tiefste Sehnsucht deines Herzens.

Du weigerst dich, Sehnsucht zu zeigen und dich der Fülle göttlicher Liebe zu öffnen – du verhinderst sogar die Möglichkeit einer tiefen Verbindung mit deinem Geliebten. Jene Momente, in denen man den größten Nutzen daraus zieht, sind die, in denen man übt, offen zu bleiben.

Egal wie abgebrüht oder nicht präsent dein Partner gerade ist, übe dich darin, dich und ihn so zu lieben und anzunehmen, wie ihr gerade seid – alles zu spüren, was du spürst –, und *öffne dann dein Herz, um deine Fühler tief in sein Herz auszustrecken*.

Spüre das tiefste Herz deines Geliebten von deinem Herzen aus. Das kannst du tun, während du schreist und brüllst. Es geht auch, wenn du Geschirr auf dem Boden zerschlägst oder dir die Augen ausweinst. Egal wie deine Energie fließt oder wie dein Partner sich abwendet: Du kannst dich darin üben, die Wogen emotionaler Energie zu lieben, die euch beide durchströmen, während du dein Herz öffnest, um seines zu spüren.

5. Drücke dich spontan aus

Parallel zu den oben genannten Übungen – Blickkontakt halten, gemeinsam atmen, deinen Körper entspannt öffnen und das tiefste Herz deines Geliebten von deinem Herzen aus spüren – kannst du üben, der spontanen emotionalen Ausdrucksweise zu vertrauen, die aus deinem Herzen aufsteigt. Lass deinen Körper einfach tun, was er tut, vorausgesetzt, du öffnest dich entspannt in Liebe und hältst den Gefühlskontakt mit deinem Geliebten über Augen, Atmung und Herz aufrecht.

Gestatte deinem Körper, sich vom vollen, ungezähmten Fluss deiner emotionalen Kraft und der zarten Sehnsucht deines Herzens tanzen zu lassen. Durchströmt dich Wut, bleib verletzlich und lass zu, dass jeder Teil von dir sich in Wut bewegt – Zehen und Finger, Bauch und Vagina, Beine und Ohren –, und bleib dabei in Gefühlskontakt mit deinem Geliebten.

Wenn du möchtest, kannst du den Energiefluss, der dich durchströmt, mit Worten ausdrücken. Aber oft kommt dein sehnsüchtiges Herz am besten durch die wortlose Darbietung deines ganzen Körpers zum Ausdruck. Öffne dich der Wut und zeige deine Verletzung mit Geräuschen, deinem Gesichtsausdruck und Bewegungen des ganzen Körpers. Gestatte deinem Körper, sich spontan von der tiefsten Liebesenergie tanzen zu lassen.

Indem du lernst, mit deinem Geliebten offen zu bleiben, auch wenn er dich ablehnt und du ihm am liebsten den Kopf abreißen möchtest, bleiben eure Herzen für eine Berührung offen und sind einander dabei behilflich, sich in tieferem Ausdruck und tieferer Verbundenheit zu öffnen. Die nicht nachlassende Liebe seines Herzens erfüllt dein dramatisches Sich-Öffnen und Sich-Verschließen. Die Ergebenheit deines Herzens schafft ein stets gastfreundliches Zuhause für das ängstliche Kommen und Gehen deines Partners.

Mit der Zeit lösen sich alle Ausreden, weshalb du verschlossen bleiben musst, in der Offenheit der Liebe auf. Dann kannst du deine Herzenssehnsucht wirklich durch die ergebene Offenheit, die die Form zweier Körper hat, über die Liebe zu dir selbst hinaus auf alle Wesen ausdehnen, ohne dass dich deine Schalen – oder die deines Partners – daran hindern.

Indem du lernst, deine Schalen und die deines Geliebten zu lieben, und dann durch deine Schalen hindurch liebst, um dich voll und ganz mit dem tiefsten Herzen deines Geliebten zu verbinden, lernst du allmählich, wie du das tiefste Herz aller Wesen spüren kannst; wie du die Freude oder das Leid aller Wesen atmen und dich der sehnsuchtsvollen Liebe öffnen kannst, die in jedermanns Herz lebt.

21
Sich über den toten Punkt hinaus öffnen

Ich habe von dir mehr als von irgendjemand anderem etwas über meine Blindheit gelernt. Oft haben mir dein gequältes Gesicht und dein verwundetes Herz gezeigt, dass ich mein Potenzial nicht richtig ausgeschöpft und mein Leben mit weniger Integrität dargeboten habe, als mein Herz es eigentlich hätte darbieten können. Ich kann es selbst einfach nicht erkennen.

Ich bemühe mich aber. Ich bin willens, mir mein Leben anzusehen und auf das Feedback anderer zu hören. Aber selbst dann habe ich blinde Flecke, die es mir anscheinend ermöglichen, mein Leben nicht so liebeswahr zu führen, wie ich könnte. Und die Feinfühligkeit deines Herzens zeigt mir immer, was ich aufgrund meiner eigenen Schalen nicht sehen kann. Ich vertraue deiner Herzenstiefe, mir die Bereiche meines Lebens aufzuzeigen, die ich aufgrund meiner Schalen nicht sehen kann.

Da das Feminine mit dem Fluss der Lebensenergie viel enger verbunden ist als das Maskuline, wirst du oft spüren, wenn dein Partner „nicht ganz bei der Sache" ist – noch bevor es so weit ist. Du wirst imstande sein, sofort zu spüren, wenn er sich oder andere belügt. Dein Herz wird sich zusammenziehen. Dein Körper wird sich verspannen. Deine Atmung wird flacher werden.

Vielleicht wirst du gar nicht genau wissen, warum. Mag sein, dass du nicht präzise formulieren kannst, inwiefern dein Partner in seinem Tun deinem Gefühl nach „nicht bei der Sache ist". Du weißt bloß, dass dein Herz spürt, dass etwas nicht stimmt. Dein Partner lebt nicht seine tiefste Wahrheit, er spürt weder dein Herz noch das aller Menschen genauso tief, wie er könnte: Er macht sich etwas vor, lebt in seinen eigenen Erklärungen und hat sich für eine Lebensweise entschieden, die hinter seiner tiefsten Gabe zurückbleibt.

Vielleicht versuchst du, ihm deine Gefühle zu vermitteln, aber er sieht sie einfach nicht. Vielleicht gibt er zu, dass er „nicht ganz bei der Sache" ist, tut aber nichts dagegen. Wenn du versuchst, mit ihm über seine Lebensweise zu sprechen, spürst du vielleicht, dass er sich verteidigt, ärgerlich wird und deine Wahrnehmung herunterspielt. Vielleicht sagt er, du würdest eigene Bedürfnisse auf ihn projizieren. Möglicherweise behauptet er, ehrlich mit sich und dir zu sein oder alles in seiner Macht Stehende zu tun. Irgendwann gibst du vielleicht auf, ihn auf seine blinden Flecke hinzuweisen. Vielleicht stellst du sogar dein eigenes Herz infrage – spürst du wirklich *seine* Selbsttäuschung oder bist du mit deiner eigenen Blockade konfrontiert? Bist du es, die die Integrität deines Partners nicht spüren kann, oder ist es mit seiner Integrität wirklich nicht so weit her? Hast du Angst, dich der sexuellen Forderung deines Partners völlig hinzugeben, oder ist er tatsächlich blind für deine tiefste Herzenssehnsucht?

Wenn du deinem Partner nicht vertraust, kannst du dich ihm nicht offen hingeben, weder sexuell noch in anderer Hinsicht. Wenn er leugnet, „nicht ganz bei der Sache" zu sein, du aber weiterhin dieses Gefühl hast, dann werden sich Frust, Zorn und Verwirrung in dir aufbauen. Du bekommst das Gefühl, perplex zu sein, schmerzerfüllt und unfähig mitzuteilen, was „sein Ding" und was „dein Ding" ist. Die trennende Distanz zwischen dir und deinem Partner wird größer.

Automatisch versuchst du, dich selbst zu lenken, wenn du deinem Partner nicht völlig vertraust. Du besinnst dich wieder auf deine eigene maskuline Fähigkeit zu navigieren, da dein Partner nicht gewillt scheint, überhaupt nur einen Gedanken daran zu verschwenden, dass ein blinder Fleck seine Integrität einschränkt. Oder aber er macht sich dazu Gedanken, spürt nichts und tut es dann als deine eigene emotionale Bedürftigkeit und als mangelndes Vertrauen ab. Und trotzdem kannst du immer noch spüren, dass an der Art, wie dein Partner sich in der Welt und im Bett verhält, etwas nicht ganz stimmt.

Abgesehen von solch kritischen Momenten, in denen du deinem Partner definitiv genau sagen musst, was er tun soll, würde euer Zwei-Körper-Vertrauen sich am ehesten vertiefen, wenn du deine Gefühle deinem Partner gegenüber voll zum Ausdruck bringst und ihm gleichzeitig erlaubst, sein Tun zu korrigieren. Statt ihm genau zu sagen, was er mit deiner maskulinen Zielgerichtetheit tun soll, sag ihm lieber mit Worten und zeig ihm durch deinen Körperausdruck, wie du dich *fühlst*.

Spiegele ihm, wie es dich verletzt und dein Herz berührt, wenn er „nicht ganz bei der Sache“ ist. Sag nicht: „Ich finde, du solltest das und das tun“, sondern bring dein Gefühl zum Ausdruck – Verletztheit, Angst, Misstrauen –, doch lass ihn selbst einen Weg finden, sich zu korrigieren und zu lernen, aus einer tieferen Wahrheit heraus zu navigieren.

Wenn du deinem Partner immer wieder sagst, was er tun soll – auch wenn du deutlich siehst, welchen Kurs er einschlagen soll –, nimmst du ihm die Gelegenheit, etwas zu lernen. Du schreitest ein und wendest deine maskuline Navigationsfähigkeit an, statt ihm die Chance zu geben, sein eigenes maskulines Navigationsgeschick zu trainieren und zu pflegen. Du formst damit eine Beziehung, in der er irgendwann von deiner maskulinen Führung abhängen wird. Willst du das wirklich? Kannst du dich mit Herz und Körper ganz einem Mann hingeben, dem du ständig sagen musst, was er tun soll?

Natürlich gibt es im Leben kritische Momente, in denen du dir, deinem Partner und deiner Familie zuliebe eingreifen und die Sache in die Hand nehmen solltest. Aber wie oft willst du für deinen Partner die Sache in die Hand nehmen, nur weil er nicht navigieren kann? Wie wirkt es sich auf eure sexuelle Lust aus, wenn du die Dinge in die Hand nimmst und ihm sagst, was er tun soll?

Lerne, der tiefen Feinfühligkeit deines Herzens zu vertrauen und sie zu achten. Bringe in eurem gemeinsamen Leben deinem Partner gegenüber deine Gefühle voll, in jedem Augenblick, zum Ausdruck. Doch gib ihm, sooft es dir angemessen erscheint, die Gelegenheit, das Steuer zu übernehmen. Wenn du ihm diesen Raum nicht lässt, lernt er womöglich nie, integer zu lenken und seine Irrtümer zu korrigieren, und womöglich wirst du ihm nie so sehr vertrauen, dass du ihm dein Herz hingibst, sei es in sexueller oder spiritueller Hinsicht. Vielleicht will dein Partner von dir wissen, was er deiner Meinung nach tun sollte, doch dafür, dass er zur Seite tritt und dich ans Steuer lässt, bezahlst du mit sexueller Neutralisierung und spirituellem Misstrauen.

Andererseits sollst du aber deinen Schmerz nicht unterdrücken und untätig darauf warten, dass dein Partner in die Gänge kommt. Zeig ihm dein schmerzverzerrtes Gesicht immer dann, wenn sein Tun oberflächlicher ist als das, wozu er, wie du weißt, fähig wäre. Schrei deinen Ärger jedes Mal heraus, wenn er seinen Mangel an Integrität hartnäckig leugnet. Immer wenn du merkst, dass er für ein ehrliches Feedback – von dir oder seinen Freunden – unempfänglich ist, zeig deine Entrüstung. Zeig deinem Partner als Reaktion auf seine Selbsttäuschung oder seine Schnitzer immer das ganze Spektrum deiner Ausdrucksmöglichkeiten, und gib ihm die Gelegenheit zu lernen, wie er sich korrigieren kann.

Für deinen Partner ist es ein Geschenk, dass du dich energetisch auf ihn einstimmst. Oft verliert er sich in oberflächlichen Erfolgen, du hingegen kannst spüren, ob sein tiefstes Herz durch sein Tun und Handeln lebt. Du kannst ihm mit deinem Wohlgefallen oder deinem Missfallen zeigen, wie tief seine Herzenstiefe dich berührt. Wahrscheinlich hat er keine Ahnung, dass es dir so wehtut, wenn er sein

Leben nicht so tief lebt, wie es ihm – wie du weißt – möglich wäre. Wahrscheinlich kann er seine mangelnde Tiefe gar nicht selbst spüren – er verliert sich in mechanischen Aufgaben und in den Ergebnissen seines Handelns. Scheinbarer Erfolg ist für ihn oft schon Beweis genug dafür, zu meinen, er tue das Richtige. Daher ist die Reaktion deines Herzens für ihn möglicherweise die einzige Art zu spüren, dass er tiefer leben könnte.

Wenn ihr beide in euren Schalen stecken bleibt, werdet ihr an einen toten Punkt gelangen und von einander getrennt und eigenständig sein. Es wird euch nicht gelingen, euch mit zwei Körpern in ergebenem Vertrauen zu öffnen.

Dein Partner sagt vielleicht: „Ich weiß selbst, ob ich meinem Herzen entsprechend lebe. Warum solltest du das besser wissen?“

Du hast vielleicht das Gefühl: „Warum verteidigst du dich? Ich liebe dich und will nur, dass sich dein tiefstes Herz durch dein Leben und unsere Beziehung zeigt. Warum kannst du nicht sehen, dass du mich und andere mit den Worten zurückweist, indem du zwar sagst, du seiest offen für Rückmeldungen, gleichzeitig aber irgendwie rechtfertigst, dass du Recht hast? Ich kann nicht ernsthaft glauben, dass du deine Irrtümer erkennst, und deshalb kann ich mich dir nicht ganz hingeben.“

Deine Schalen hindern dich daran zu spüren, ob dein Herz durch deinen Körper in der Welt zum Ausdruck kommt. Deshalb musst du, je mehr du dich für die Zwei-Körper-Liebe öffnest, einen Partner suchen und inspirieren, dessen spiritueller und sexueller Wegweisung du mehr als deiner eigenen vertraust. Und dein Partner muss eine Frau aussuchen und fordern – nämlich dich –, deren Reaktionsfähigkeit und tiefer Feinfühligkeit er mehr vertraut als seiner eigenen Erkenntnisfähigkeit.

22
Das Ende einer Beziehung und die Leere, die er zurücklässt

Ich möchte nur mit dir zusammen sein, wenn dein tiefstes Herz sich meinem vertrauensvoll öffnet. Wir beide haben Ängste und das Bedürfnis nach Sicherheit und Behaglichkeit, aber ich möchte nicht, dass unsere nichtigeren Wünsche unsere tiefsten Herzenswünsche einschränken.

Ich möchte, dass sich deine tiefste Herzenssehnsucht mit meiner verbindet. Ich möchte, dass unsere Beziehung uns dabei hilft, unser Herz für Gott zu öffnen, und das geht erst, wenn wir unserer tiefsten Herzenssehnsucht den Vorrang geben. Wenn wir uns nicht beide darauf einlassen, uns selbst, einander und alle Wesen so tief wie möglich zu lieben, wird unsere Liebe da aufhören, wo unsere Angst sich mit Behaglichkeit und Vertrautem zufriedengibt.

Du hast mir erzählt, dass du früher bei einem Mann geblieben bist, der dich nicht so sehr liebte, dass er deine tiefste Herzenssehnsucht berühren konnte. Als du endlich mit ihm Schluss gemacht hattest, hast du immer noch an ihn gedacht und bist sogar ein paar Mal zurückgekommen in der Hoffnung, es würde jetzt anders mit ihm sein und diesmal würde es klappen. Aber selbst deine Freunde wussten, dass es keinen Sinn hatte, und irgendwann wusstest du es auch. Du bist deinen Weg weitergegangen und jetzt, teure Geliebte, gehörst du mir.

Ich weiß, dass in deinem Herzen die Gestalt des Mannes wohnt, der dich am tiefsten geliebt hat, und ich möchte dich so tief lieben, dass dein Herz von göttlicher Liebessehnsucht geformt wird und sich weiter öffnet als das ganze Universum.

Wenn du dich darin übst, Herz und Körper zu öffnen, so dass sie vor Liebessehnsucht, Lust und Kraft fließen, wirst du feststellen, dass immer weniger Männer für dich interessant sind. Oberflächliche Männer findest du langweilig. Du wünschst dir als Geliebten einen Mann, der dich mit der Fülle seiner Liebe und seines Engagements herausfordert, einen Mann, der dein Herz mit seiner Forderung tiefer öffnet, als du dich gewöhnlich öffnest. Nur wenige Männer können die Bedürfnisse des Herzens – ganz gesehen, tief gefühlt und für Gott geöffnet zu werden – erfüllen.

Solltest du bereits einen Partner haben, mit dem du gemeinsam wächst, werden dich seine üblichen Ablenkungsmanöver nicht mehr interessieren. Mag sein, dass du dich ihm gegenüber nach wie vor so verhältst, wie du es früher getan hast, aber dein Herz bleibt von seiner oberflächlichen Kommunikation unberührt. Vielleicht habt ihr früher gern stundenlang gekuschelt; jetzt aber möchtest du von deinem Partner tiefere Leidenschaft. Vielleicht interpretierst du deine Wünsche ausschließlich sexuell, aber vielleicht spürst du in Wirklichkeit die tiefere Sehnsucht deines Herzens: durch die Liebe eines Mannes von der Kraft Gottes gefordert zu werden.

Sex mag natürlich eine große Rolle dabei spielen, aber in Wahrheit wünschst du dir einen Mann, der dich gerade durch seine Präsenz fordert und dich in größere Tiefen ruft. Egal, wie viel Widerstand du ihm leistest, du willst einen Mann, der dein tiefes Herz spüren kann – der auf deine halbherzige Weigerung mit einem liebevollen Lächeln reagiert, dich zärtlich umarmt, dich plötzlich verwöhnt, dich donnernd überrascht, vorsichtig deine Schale aufbricht und mit so zärtlicher Leidenschaft in dich eindringt, dass du in seiner Liebe dahinschmilzt und dich öffnest. Die Stärke seiner Liebe lässt nicht nach, und dennoch spürt er immer dein Herz.

Es gibt nicht sehr viele Männer, die dir diese Tiefe bieten können; es gibt nicht sehr viele Frauen, die mit ebenso großer ergebener Fülle reagieren können. Je mehr du wächst, desto weniger Männer und Frauen wirst du deshalb finden, die dich verstehen, und desto weniger potenzielle Geliebte, denen du völlig vertrauen kannst.

Aber es gibt sie, die tiefgründigen Männer! Wenn du diese Männer anziehst, gehörst du zu den wenigen Frauen, die die unwiderstehliche Ergebenheit bieten, die sie anziehen würde. Sieh dir dein Leben an: Du bekommst bereits den Mann (und hast ihn immer bekommen), den du verdient hast und der sich wie du der Offenheit verschrieben hat.

Wenn du dich beklagst, du habest keine Männer kennengelernt, die dich für Gott öffnen können, oder dass alle guten Männer bereits vergeben seien, dann drückst du dich und gibst dich schon von vornherein mit weniger zufrieden. Die Tiefe deiner Herzenssehnsucht, die du mit der lustvollen Hingabe deines Körpers darbietest, wird immer einen Mann anziehen, der dich genauso tief fordern kann – und wird ebenso oberflächlichere Männer anziehen, die du dankend ablehnen kannst.

Wenn du noch keinen Mann gefunden hast, der deines Vertrauens würdig ist, oder dein derzeitiger Partner die Sehnsucht deines Herzens, gefordert zu werden, anscheinend nicht erfüllen kann, dann hast du deiner Herzenssehnsucht und deiner Körperenergie noch nicht gestattet, sich durch deine ergebene Hingabe in jedem Moment weit genug zu öffnen. Du hattest Angst davor oder warst misstrauisch. Du hast dich zurückgehalten und bist dann vermutlich bei einem Mann gelandet, der sich zurückhält – auch wenn du inzwischen so weit gewachsen bist, dass du dich weiter öffnen kannst.

Vielleicht fragst du dich, ob du in deiner derzeitigen Beziehung bleiben oder eine neue beginnen sollst.

Männer geben Beziehungen tendenziell zu schnell auf, weil sie immer nach etwas Besserem Ausschau halten. Frauen haben die Tendenz, zu lange in Beziehungen zu bleiben, weil sie immer hoffen, ihr Partner werde sich ändern und wachsen.

Um herauszufinden, ob du in deiner derzeitigen Beziehung bleiben sollst, musst du wissen, *warum* du überhaupt in einer Beziehung lebst. Dein Herz muss den *ganz tiefen* Wunsch nach einer Beziehung verspüren, und dann kannst du all deine Entscheidungen aus deiner wahren Tiefe heraus treffen.

Ist dein tiefster Wunsch in einer Beziehung beispielsweise der, eine Familie zu gründen? Wenn ja, dann bleib so lange bei deinem Partner, wie er diesen Wunsch mit dir teilt – auch wenn er alles andere als toll im Bett ist und dir nicht die Liebestiefe gibt, die du dir wünschst.

Ist dein tiefster Wunsch in einer Beziehung der, für finanzielle Sicherheit zu sorgen und euch ein gemütliches Zuhause zu schaffen, dann bleib so lange bei deinem Partner, wie er deine Lebensperspektive mit dir teilt – auch wenn dein Herz sich immer wieder danach sehnt, mitgerissen und geöffnet zu werden, und dein Partner an spirituellen Dingen anscheinend nicht interessiert ist.

Was spürst du, wenn du in deinen tiefsten Beziehungswunsch hineinspürst? Vielleicht wünschst du dir eine große Familie, Geld auf der Bank und ein Haus auf dem Land, aber ist das wirklich die Summe deiner *tiefsten* Herzenssehnsucht?

Vielleicht sehnt sich dein tiefes Herz zu allem anderen danach, so umfassend gesehen, erkannt und geliebt zu werden, dass deine Sehnsucht sich für Gott weit entfaltet und sich die göttliche Liebe unendlich weit durch dich und die Herzen aller Wesen öffnet. Wenn es bei deinem *tiefsten* Wunsch in einer Beziehung in erster Linie darum geht, dann möchtest du einen Partner haben, der dich mit seiner unbestreitbaren Liebe und seiner unzweifelhaften Forderung nach deinem

Herzen zu ergebener Hingabe veranlasst. Wenn er das tut, dann bleib bei ihm. Wenn nicht, weshalb hast du dich dann überhaupt für ihn entschieden?

Es kann sein, dass du auch aus Gründen der Sicherheit und Vertrautheit bei deinem Partner bleibst. Du möchtest dein kuscheliges Nest nicht aufgeben. Wenn du deinen Partner verlässt, kommen dir vielleicht Zweifel, ob du einen anderen Mann finden wirst, der dich mehr liebt. Deshalb bleibst du dann, wie viele Frauen, in einer Beziehung, die dein tiefstes Herz nicht berührt.

Wahrscheinlich bist du bei einem Mann geblieben, der nicht die leiseste Ahnung hat, wie schmerzlich sich dein Herz danach sehnt, gefordert zu werden. Und selbst wenn dein Partner deinen Herzenswunsch kennt, bietet er dir wahrscheinlich nicht die Tiefe, den Humor und die Ausdauer, die allein deine Widerstände sanft durchdringen und deine tiefste Sehnsucht mit seiner Liebe zur Entfaltung bringen.

Vermutlich hat dein Partner vor langer Zeit den Kontakt zu *seinem* tiefsten Herzenswunsch verloren – frag ihn nach dem tiefsten Sinn seines Lebens und höre, was er darauf antwortet – und weiß deshalb sehr wahrscheinlich nicht, wie er mit *deinem* tiefsten Herzen in Verbindung bleiben soll.

Sollst du bleiben oder gehen? Die beste Antwort auf diese Frage ist, sich ein Zeitlimit zu setzen, wie lange du die Oberflächlichkeit deiner Beziehung noch ertragen willst. Bist du bereit, von einem Mann noch weitere sechs Monate nicht gefordert zu bleiben? Wenn ja, sag deinen engsten Freundinnen, sie sollten in sechs Monaten beurteilen, ob dich die Liebe deines Partners tiefer geöffnet hat, ob du dich tiefer in deiner ergebenen Offenheit dargeboten hast und tiefer mitgerissen wurdest. Mag sein, dass du die Einzige bist, die nicht weiß, ob sie bleiben oder gehen soll. Deine Nestbauinstinkte und deine Angst, keinen Mann mehr zu finden, lassen dich womöglich länger bei einem ungeeigneten Mann ausharren, als es für dein Herz förderlich ist – weil du hoffst, er werde sich ändern.

Wenn deine engsten Freundinnen nach sechs Monaten Wartezeit beispielsweise den Eindruck haben, es sei Zeit für dich, diese Beziehung zu beenden, wird dein Herz leiden. Egal wie stark dein Gefühl ist, nicht mitgerissen zu werden – dein Partner konnte dir immerhin ein gewisses Maß an Liebe geben. Sein Penis drang in deinen Körper ein, seine Sorge um dich fand Eingang in dein Herz, egal wie oberflächlich oder nachlässig alles gewesen sein mag. Dein Partner hat deinen Körper und dein Herz mit seiner Liebe ein wenig geöffnet, und diese Offenheit hat seine Gestalt.

Auch wenn du deinen Partner verlässt, wirst du die Leere, die er hinterlässt, in Körper und Herz verspüren. Du wirst ihn vermissen, dich nach ihm sehnen, hoffen, dass er anruft und sagt, es sei alles nur ein Fehler gewesen, er könne sich ändern, er wolle dich wiederhaben. Die Leere, die er in dir zurückgelassen hat, sehnt sich danach, gefüllt zu werden – von ihm.

Dieses Gefühl, sich nach dem Mann zu sehnen, der dich bis zu diesem Zeitpunkt am tiefsten lieben konnte, wird so lange anhalten, bis ein anderer Mann dich tiefer liebt. Du wirst diese Leere für den Rest deines Lebens im Gedächtnis bewahren, es sei denn, du ziehst einen Mann in dein Leben, der tiefer lieben kann. Vielleicht empfindest du es als Schwäche, dass du einen Mann wolltest, der eindeutig unfähig war, dich so tief zu lieben, wie du es dir gewünscht hast – einen Mann, der dich vielleicht glatt abgelehnt oder betrogen hat. Vielleicht kommt es dir „krank" vor, ihn so heftig zu begehren, obwohl eure beleidigende oder mittelmäßige Beziehung schon seit Jahren beendet ist.

Aber du bist weder schwach noch krank. Du bist eine Frau, in deren Herz ganz natürlich eine Leere bleibt, die von dem Mann geformt wurde, der dich bisher am tiefsten lieben konnte, auch wenn es nicht tief genug war, um bei ihm zu bleiben. Du kannst die Sehnsucht nach ihm nur dadurch kurieren, dass du einen anderen Mann anziehst, dessen Liebe dich tiefer öffnet als die Leere, die von einem früheren Mann zurückbleibt. Mit zunehmender Fähigkeit, dich ergeben darzubieten, wirst du einen Mann anziehen, der dich durch seine Liebe für die Gestalt Gottes öffnet.

Dann wird in Momenten, in denen du dich von der göttlichen Liebe distanziert hast, Gott in deinem Herzen eine Leere hinterlassen. Du wirst dich danach sehnen, zu spüren, wie die Unendlichkeit dein Herz fordert, dich mit einer unerträglichen Fülle von Präsenz und Lust erfüllt und dich zwingt, dich ganz für alles zu öffnen. Dein Herz wird sich nur zufriedengeben, wenn es völlig von der Liebe kommandiert wird, und du wirst nur einen Mann dulden, der dir diese göttliche und umfassende Forderung bieten kann. Seine tiefe Präsenz wird dich mitreißen und für das Glück der Unendlichkeit öffnen, so dass Mann und Frau verschmelzen und mit ihren beiden Körpern Gottes Liebe zum Ausdruck bringen.

23
Drei Phasen des Liebens

Wenn du ein niedliches kleines Kätzchen oder ein lächelndes Baby siehst, leuchtest du vor Freude. Wenn du im Radio deine Lieblingsmusik hörst, bewegst du dich freudig. Ich möchte, dass du glücklich bist, doch ich möchte auch, dass du tieferes Glück empfindest. Ich möchte, dass sich unsere tiefste Herzenssehnsucht durch unsere Beziehung als volle Liebesgabe öffnen kann, mit oder ohne unser oberflächliches Glück. Und ich weiß, dass wir üben und uns öffnen müssen, um unsere Liebe zu vertiefen, denn manchmal neigen wir beide dazu, uns zu verschließen.

Wenn wir üben wollen, uns zu öffnen, müssen wir beide spüren, dass die Tiefe unserer Herzenssehnsucht unmerklich schwankt. Manchmal bin ich glücklich, dich oberflächlich zu lieben und in deinem wunderbaren Duft und deiner Weichheit zu schwelgen, als wärst du mein Schmusekätzchen. Ich möchte mich dir mehr mitteilen, indem ich über unsere Gefühle diskutiere und dir zuhöre, welche Richtung dein Leben und unsere Beziehung nehmen sollen.

Aber wir beide können auch unsere Herzen einander tiefer darbieten. Wir können unsere tiefste Sehnsucht spüren, gesehen und als die erkannt zu werden, die wir wirklich sind. Die göttliche Liebe verlangt danach, zu verehren und verehrt zu werden. Indem wir wahrnehmen, wie tief wir unsere Herzen in jedem Moment für die Verehrung öffnen, können wir uns entscheiden, unsere tiefste Sehnsucht einander selbst dann mitzuteilen, wenn wir andere Freuden im Leben genießen.

Dein Partner kann die Form deiner Brüste verehren. Er kann sich auf deine Brustwarzen konzentrieren, dich küssen, an dir knabbern und alles andere vergessen. Aber irgendwann wird dir sein beschränktes Interesse zu langweilig. Du willst, dass ein Mann deine Brüste bewundert, aber du willst noch viel mehr als das. Letztendlich willst du einen Mann, der deine Brüste, aber vor allem dein Herz liebt – und mehr noch: Du willst einen Mann, der deine Brüste und dein Herz liebt, dessen Leben aber Gott gehört und der dich spürt und durch dich bis tief in diesen göttlichen Augenblick hineinspürt und sein Leben nicht einfach nur auf das Vergnügen beschränkt, den dein Körper ihm bietet.

Du willst einen Mann, der sein Leben als göttliche Poesie lebt, der mit dem tiefsten Ausdruck seines Herzens in dich eindringt. Er lebt, als wäre jeder Augenblick sein letzter, und gibt deshalb dir und allen anderen seine tiefste Gabe, als wäre es seine letzte Gabe, das umfassendste Geschenk seiner Präsenz. Selbst wenn er deine Brüste streichelt und küsst, kannst du spüren, dass seine Liebe tiefer als nur bis zu deinem Fleisch geht, dass sie in dein Herz dringt und sich sogar tiefer öffnet als dein eigenes Herz. Du kannst spüren, dass sich seine Liebe über jegliche Form hinaus öffnet und seine Präsenz dich bis in die Unendlichkeit, hin zu göttlicher grenzenloser Liebe, hin zu Gott, öffnet.

In jeder Lebensphase vertieft sich dein Wunsch, verehrt zu werden. Diese Phasen entwickeln sich im Lauf der Jahre, wenn deine Herzenssehnsucht sich vertieft. Zwischen diesen Phasen pendelst auch du in jedem Moment hin und her.

Irgendwann in der ersten Phase möchtest du, dass dein Körper bewundert wird. „Nimm mich wahr und gib mir das Gefühl, schön zu sein."

Irgendwann in der zweiten Phase möchtest du körperlich attraktiv sein, hast aber auch den Wunsch, dass deine Ansichten und deine berufliche Laufbahn gewürdigt werden. „Ich bin eine erfolgreiche, intelligente Frau. Hör mir zu und achte mich als ganzen Menschen."

Irgendwann in der dritten Phase bist du bereit, dich so verehren zu lassen, wie du bist, als Liebeslicht, das als Lebenskraft lebt. „Ich bin Licht. Nimm mich, wenn du dich traust."

Du bist nicht nur ein Körper, in den man eindringt, nicht nur ein Verstand, an dem andere teilhaben sollen. Du bist das Licht des Lebens, das als die Liebe lebendig ist, die sich danach sehnt, sich im Herzen aller Wesen zu öffnen.

Du wirst von einer Liebeskraft bewegt, die viel mehr ist als Klitoris und Karriere. Deine wahre Macht wird weder durch deinen Körper eingeschränkt noch von deinem Verstand erschaffen, sondern strömt offen als Liebeskraft, die so lebendig und strahlend wie das Universum ist.

Vielleicht sehnt sich dein tiefes Herz danach, gesehen und als Liebeslicht verehrt zu werden, doch du gibst dich womöglich mit einem Mann zufrieden, der dir das Gefühl gibt, er brauche dich wegen deines Körpers oder deines Verstands. Es mag zwar schmerzlich sein, zu spüren, dass jemand deine tiefste Herzenssehnsucht ignoriert, doch damit du einen tiefgründigen Mann aussuchen und inspirieren kannst, musst du die Unterschiede zwischen den Liebesmomenten der ersten, zweiten und dritten Phase spüren.

In einem Phase-eins-Moment spielst du dein tiefstes Herzensbegehren herunter, um zu spüren, dass ein Mann dich begehrt und braucht. Da du Angst hast, deinen Partner zu verlieren, missachtest du die Signale deines Herzens, die dir zeigen, dass dein Partner „nicht bei der Sache ist“ und sich selbst und dich belügt. Du unterdrückst dich selbst, um ihn nicht zu erschrecken oder zu kränken, aber deine Energie bahnt sich andere Wege: Heimlich zahlst du ihm heim, dass er dich nicht so liebt, wie du möchtest. Vielleicht begnügst du dich damit, die beleidigende Wut deines Partners anzustacheln, weil seine wütende Präsenz immer noch besser ist als überhaupt keine Präsenz.

Vielleicht lobst du die Stärke deines Partners, damit er sich gut fühlt. Vielleicht gibst du deine Bedürfnisse auf, um seine zu befriedigen. Dein Herz möchte so schmerzlich gesehen und geliebt werden, dass du nahezu alles tun wirst in der Hoffnung, die Liebe deines Partners zu bekommen und zu bewahren. Du traust dir nicht zu, selbst für dich zu sorgen, und suchst deshalb verzweifelt nach einem Mann, der sich um dich kümmert. Das ist die erste Phase weiblicher Bedürftigkeit.

In der zweiten Phase beschließt du irgendwann, deinen tiefsten Herzenswunsch beiseitezuschieben, um dir einen sicheren Hafen der Unabhängigkeit und Selbstsicherheit einzurichten. Obwohl sich dein Herz immer noch nach der wahren Liebe eines Mannes sehnt, der dich für Gott öffnet, schiebst du dein Intimleben aufs Abstellgleis und widmest dich stattdessen vor allem deinen Berufszielen und sorgst für dich selbst.

Es kann sein, dass du den Kampf mit deinem tiefsten Herzenswunsch – von einem Mann liebevoll mitgerissen zu werden – auf das Minimum beschränkst, indem du die starke, durchdringende Macht tiefer maskuliner Präsenz vermeidest: Entweder lebst du allein oder suchst dir Beziehungen mit Männern, die so verwirrt oder ungefährlich sind, dass sie dir den Raum geben, alles zu tun, was du willst.

Du willst genügend Raum im Leben, um deine eigene maskuline Zielgerichtetheit auszuleben, und weist deshalb entweder wahrhaft maskuline Männer zurück oder suchst dir solche, deren maskuline Liebe nicht die Klarheit, Tiefe oder Standhaftigkeit besitzt, um die Schalen deines Widerstands zu durchbrechen und allzu tief in dein Leben, deinen Körper und dein Herz einzudringen.

Auch wenn du deine maskuline Zielgerichtetheit ausgelebt hast, um deine Finanzziele zu erreichen, und dein Leben nach deinen Vorstellungen eingerichtet hast, findest du es vielleicht trotzdem schwierig, einen guten Mann kennenzulernen. Höchstwahrscheinlich wirst du sicherer geleitet als die meisten Männer, denen du begegnest. Deine maskuline Erscheinung – die sich bereits an deinem Körper, deiner Stimme und deiner Atmung bemerkbar macht – zieht eher ziellose Männer an, die deine maskuline Führung brauchen, statt Männer mit tiefem Lebensziel und leidenschaftlicher Integrität, die sich dazu hingezogen fühlen würden, mit ihrem ganzen maskulinen Einsatz, ihrer Präsenz und ihrem Respekt in deinen femininen Körper und dein Herz einzudringen.

Dein nicht gefordertes Herz wartet weiter und versteckt sich immer noch hinter einer maskulinen Schale der Zielgerichtetheit – allein oder in einer Beziehung –, und du fragst dich allmählich, ob jemals ein Mann *richtig* auf dich zugehen und dich liebevoll von Herzen fordern wird. Du hast keinen Mann gefunden – oder ihm keinen Zutritt gewährt –, dem du mit deiner tiefsten Herzenssehnsucht vertrauen würdest.

In der dritten Phase erkennst du irgendwann, dass dein Herz trotz allen Erfolgs und aller Unabhängigkeit sich immer noch danach sehnt, betreten und geöffnet zu werden. Du sehnst dich danach, alle Kontrolle aufzugeben und der Liebe zu gestatten, deinen Körper und dein Herz zu durchströmen, damit dich die Liebe vollständig *in Besitz nehmen* kann. Deine Sehnsucht, dich der Liebe hinzugeben, wird stärker als dein Bedürfnis nach einem Mann, der für dich sorgt, oder das Bedürfnis, für dich selbst zu sorgen.

Du wirst einen Mann anziehen und inspirieren, der nur so tief ist, wie du deine Sehnsucht genau jetzt darbietest. Es ist also sehr wichtig, dass du jederzeit weißt, welche Art von Frau du bist.

Als Phase-eins-Frau versuchst du, deinen Geliebten auf dich aufmerksam zu machen, indem du ihm Liebe auch dann gibst, wenn er nicht daran interessiert ist. Du wirst zum „Fußabstreifer“, der bereit ist, sich mit seinem Desinteresse abzufinden, denn du hoffst, dass er dich, wenn du ihm Liebe schenkst, früher oder später ebenfalls lieben wird. Du weißt, dass er dich tief im Innern liebt, nur merkt er es gerade jetzt nicht. Deshalb bist du bereit, das Opfer seines Desinteresses zu spielen, und wartest und versuchst, ihn anzuziehen. Du weißt, dass er das Potenzial hat, dich zu lieben, er weiß bloß nicht, wie.

Als Phase-zwei-Frau bist du es irgendwann leid, dass deinem Geliebten das Engagement fehlt und er unfähig oder nicht bereit ist, dein Herz zu fordern. Deshalb unternimmst du keinen Versuch mehr. Dein Herz verschließt sich und dein Körper wappnet seine weichsten Teile gegen den Schmerz möglicher Zurückweisung. Du schützt dein unberührtes Herz mit Schalen oberflächlicher Aktivitäten: Musik hören, eine berufliche Karriere verfolgen, das Haus putzen, mit Freunden reden. Du lernst, vernünftige Grenzen zu ziehen, deine maskuline Zielgerichtetheit zu kultivieren und dir selbst mehr zu vertrauen, damit du nicht auf die Unterstützung eines Mannes angewiesen bist. Aber dein tiefstes Herz empfindet noch immer Sehnsucht.

Ohne einen tiefgründigen Mann, der dir hilft, auf Liebeskurs zu bleiben, vermännlicht sich dein Körper möglicherweise ganz von selbst. Du verfolgst hartnäckig deine Ziele, und ob du scheiterst oder Erfolg hast, dein Körper wird nicht mitgerissen, er bleibt ungeöffnet und trocken. Du kannst versuchen, mehr Gewicht auf die Eigenliebe zu legen, indem du dich in dich verkriechst und dich selbst liebst, um dich zu schützen, aber auf diese Weise kann dich die göttliche Liebe nicht fordern und öffnen.

Als Phase-drei-Frau lernst du, deine Grenzen zu öffnen, dich verletzlich zu zeigen und deine tiefste Herzenssehnsucht im liebevollen Umgang auszudrücken. Du lernst, dich entspannt zu öffnen, während dein Herz Sehnsucht empfindet. Du lernst, der Liebe zu vertrauen.

Vertrau der Liebe – nicht einem Mann oder dir selbst. Kein Mensch hat völliges Vertrauen verdient. Jeder Mann wird irgendwann in seiner Liebe schwanken oder in seinem Engagement nachlassen. Und du wirst oft in deiner eigenen Fähigkeit schwanken, dich selbst zu lieben, wie du es oft getan hast.

Nur Liebe – die Liebe, die sich offen im Herzen aller Wesen sehnt, die göttliche Liebe, die offen für diesen ganzen Augenblick lebt – hat völliges Vertrauen verdient. Statt dich einem Mann oder dir selbst zu verschreiben, kannst du dich vertrauensvoll hingeben und dich offen *als Liebe* leben lassen. Du kannst üben, dich der Liebe zu öffnen, wenn du allein bist oder wenn du dich mit zwei Körpern ergeben hingibst. Wenn du dich für die Zwei-Körper-Übung entscheidest, ist es wichtig, dass du spürst, wie du deinen Partner als Ausrede dafür benutzt, um dich selbst zu schwächen oder zu schützen.

In der ersten Phase schwächst du dich selbst in der Hoffnung, die Liebe deines Partners im Tausch gegen deine Nachgiebigkeit zu bekommen. In der zweiten Phase schützt du dich, indem du deiner tiefsten Liebe Schranken setzt und hoffst, dich gegen zu großen Schmerz wappnen zu können. Du kannst sogar gefühllos werden. In der dritten Phase schenkst du deinem Partner Liebe, auch wenn er verletzend ist, weil du *als Liebe lebendig* bist und weil du dich mit der Weigerung, ihn zu lieben, weigern würdest, dich für deine tiefste Herzenssehnsucht zu öffnen. Du bietest dich als die unendliche Liebe dar, die du tatsächlich bist.

Der Liebe zuliebe – Gott zuliebe, indem du dich sehnsuchtsvoll für göttliche Liebe öffnest – bietest du deinen Körper offen als Liebesspielzeug dar, du bietest dich an, um offen als Fluss der Liebe gelebt zu werden, du bietest deine Atmung, deine Stimme, deine Gesten und dein Tun als aus voller Liebe gegebene Gaben dar.

Mag sein, dass sich dein Herz verwundet anfühlt – vom Desinteresse deines Partners wie auch von deinem Gefühl, nicht begehrenswert zu sein –, und trotzdem kannst du beschließen, Herz und Körper als Geschenk zu öffnen. Du kannst deinem Geliebten in die Augen schauen und deinen Körper entspannen. Du kannst weich atmen und deine Fühler nach außen ausstrecken, aktiv Liebe aus deinem Herzen strahlen lassen und gleichzeitig seinen Schmerz, seine Angst, seine verborgene Liebe spüren.

Vielleicht schluchzt du dabei. Vielleicht schreist du dabei. Vielleicht zitterst du. Aber du verschließt dich nicht, sondern übst dich in Liebe – trotz deines schmerzenden Herzens, trotz deines angespannten Körpers, trotz des konstanten Widerstandes deines Partners, dich zu lieben, oder trotz deines eigenen mangelnden Selbstwertgefühls. Dein Fachbereich heißt Liebe, und er ist nicht immer einfach.

Zuerst liebst du dich selbst, mitsamt deinen Schalen und deinem Verschlossensein. Dann übst du dich zart wie die Liebe darin, über dich hinaus zu lieben. Um deiner Neigung, dich abzukapseln, entgegenzuwirken, bietest du deinem Geliebten deine Sehnsucht offen dar. Du öffnest bewusst dein Herz der Liebessehnsucht, indem du tiefer atmest, deinen Körper trotz Schmerz, Widerstand und Bedürftigkeit entspannst, damit dein Herz das sehnsüchtige Herz deines Geliebten richtig spüren kann – zum Schluss öffnest du dein Herz mit deiner Atmung, um jedermanns Sehnsucht zu spüren.

Mit etwas Übung gleiten deine Stimmungen weiter, aber dein von der Liebe zart gewordener Körper lebt voll als stets bewusste Gabe; dein Herz öffnet sich entspannt, um von der tiefen Präsenz des Augenblicks (oder deines Partners) gefordert zu werden, und strahlt deine tiefsten Liebesgaben an alle aus.

Ein Leben mit verschlossenem Herzen und verspanntem Körper zieht einen Mann an, der genauso viel Angst hat wie du, einen Mann, der seine Präsenz erst dann darzubieten bereit ist, wenn du ihn zufriedenstellst. Indem du offen lebst, ziehst du einen Mann an, der ebenso bereit ist wie du, sich zu öffnen und dich in tiefer gegenseitiger Verehrung zu spüren.

24
Liebe ist eine lebendige Kunst

Früher habe ich mit dir abends im Bett gelegen, dich betrachtet und berührt, aber es kam keine Reaktion von dir, und ich fragte mich, warum du so distanziert wirktest. Mir geht es gut, ich fühle mich stark zu dir hingezogen, aber du wirkst desinteressiert.

Inzwischen habe ich begriffen, dass dein Körper den ganzen Tag in jedem Augenblick von meiner Liebe geöffnet wird oder sich wegen meiner fehlenden Integrität verschließt. Wir nehmen nämlich beide die Spannung oder die Offenheit des ganzen Tages mit ins Bett. Unser Körper erinnert sich daran, ob unser Liebesspiel an diesem Tag eine fürchterliche Katastrophe oder ein herrliches Kunstwerk war.

Du und ich, wir haben uns darauf eingelassen, einander so tief wie möglich zu lieben. Wir haben uns beide darauf eingelassen, die sich immer mehr vertiefende Kunst der Liebe zu praktizieren. Doch die Art, wie wir die Liebe praktizieren, ändert sich ständig. Das Geschenk unserer Herzen wird durch die Entscheidungen, die wir in jedem Augenblick treffen, tiefer oder oberflächlicher.

Ich hoffe, wir können in unseren schrecklichen Momenten gemeinsam lachen und aus unseren Fehlern lernen, wenn wir die Liebe geschickter, spontaner und kunstgerechter praktizieren.

Angenommen, du liegst im Bett mit deinem Partner, der dich mit vor Zuneigung feuchten Augen umarmt und küsst.

„Ich liebe dich", sagt er, „ich liebe dich so sehr." Er drückt dich an sich und wird gleich in dich eindringen.

Du kannst seine Liebe spüren. Du kannst spüren, dass er es wirklich so meint. Aber du kannst dich ihm nicht ganz öffnen.

Vielleicht kannst du dich nicht öffnen, weil er gestern gesagt hat, er werde die Garage sauber machen, es dann aber vergessen und somit sein Versprechen nicht gehalten hat. Vielleicht kannst du dich nicht öffnen, weil er dir vorhin beim Fernsehen immer wieder mechanisch den Rücken getätschelt hat und deinem Körper sein angespanntes, monotones, lustloses Verhalten nicht entgangen ist. Vielleicht kannst du dich nicht öffnen, weil er dauernd darüber redet, er werde sich beruflich verändern, aber trotzdem an einem Arbeitsplatz bleibt, den er hasst, weil er Angst vor dem Risiko hat, tiefer zu leben.

Die Liebe, die dein Partner dir im Bett zu schenken versucht, findet im Gefühlskontext eurer ganzen Beziehung statt. Wenn du ihm abends vertrauen sollst, dann muss seine Integrität ein konsequentes Ziel haben – er muss seine Versprechen einhalten und den ganzen Tag über so tief leben, wie es ihm möglich ist.

Dein Körper erinnert sich. Immer wenn du spürst, dass er seine Verpflichtungen außer Acht lässt, sich von oberflächlichen Dingen ablenken lässt, sich etwas vormacht oder sich beschwichtigt, dabei aber ein Leben führt, das weniger ist als seine vollste Gabe, zieht sich dein Körper zusammen und du verlierst das Vertrauen. Um sich abends im Bett offen hinzugeben, braucht dein Herz von ihm den ganzen Tag lang seine tiefste Gabe – genauso wie er die tiefste Gabe von deinem Herzen braucht. Beim Liebesspiel wird sich dein Partner veranlasst fühlen, dir dieselbe tiefe Präsenz zu schenken, die deine Herzenssehnsucht den ganzen Tag lang wachgerufen und gefordert hat. Im Bett wirst du dich veranlasst fühlen, ihm dieselbe tiefe sexuelle Hingabe zu schenken, die er von deinem Herzen den ganzen Tag über mit seiner Integrität und Präsenz verlangt hat. Die Tiefe eurer sexuellen Verschmelzung in der Nacht hängt davon ab, wie ergeben du dich dargeboten hast und wie tief er dein Herz tagsüber gefordert hat.

Du hast vielleicht selbst sexuelle Blockaden und emotionale Ängste, aber deine Hingabe erfordert *auch seine* Integrität. Als Zwei-Körper-Form müsst ihr euch *beide* den ganzen Tag gegenüber dem Partner und der Welt ganz darbieten. Wenn deine Ergebenheit und seine Zielgerichtetheit nicht aus einer möglichst tiefen Quelle kommen, wird auch euer Sex oberflächlich bleiben. Im Bett wird sich eure Lust auf Stimulierung und Entspannung, vergnügliche Spiele, einen klitoralen Orgasmus und eine Ejakulation beschränken, statt dass ihr euch beide von der Liebe mitreißen lasst und dadurch für Gott geöffnet werdet.

Doch ihr beiden, du und dein Partner, seid Tag und Nacht unschlüssig, wie tief ihr euer Herz darbieten sollt. Liebe ist eine lebendige Kunst, und wie tief ihr die Kunst eures Herzens praktiziert, ändert sich von Moment zu Moment.

Jeden Tag hast du Momente der ersten Phase, wenn du verletzt oder erschöpft bist und dich weigerst, dich zu öffnen. Vielleicht bekommst du einen Koller oder schließt dich in dein Zimmer ein und stopfst Essen in dich hinein, kapselst dich launisch ab oder gerätst in einen Gedankenstrudel. Du hast Momente der zweiten Phase, wenn du einfach nur mit deinem Geliebten darüber reden möchtest, wie es in eurer Beziehung läuft, du dein Herz aber nicht für die Tiefe der Liebe öffnest. Oder du willst ins Kino gehen, mit einem anderen Paar zu Abend essen und einen vergnüglichen, geselligen Abend verbringen, statt dich verletzlich mit deinem ganzen Körper ergeben und offen hinzugeben.

Es gibt bei dir auch Momente der dritten Phase, wenn du *bereit bist zu üben*, dein Herz und deinen Körper zu öffnen, um Gottes tiefste

Forderung zu empfangen, vielleicht dann, wenn dich ein Mann aufrichtig und in Liebe begehrt. Du bist bereit, zu lernen, dein verletzliches Herz weit offen hinzugeben.

Die totale „Phase-drei-Frau" oder die totale „Phase-drei-Beziehung" gibt es nicht. Eure Beziehung macht Schwankungen in allen Phasen durch, wenn du und dein Partner euch tagsüber öffnet und verschließt, manchmal tiefe Verbindung zueinander aufnehmt, euch manchmal hinter trennenden Wänden versteckt. Manchmal mag es durch Gnade zu einer liebevollen Verbindung kommen, aber ihr könnt in jedem Moment *üben*, eure Liebeskunst zu vertiefen. Liebe ist, wer ihr in Wahrheit *seid*. Aber man kann auch üben, sich der Liebe zu *öffnen*, um der Angewohnheit entgegenzuwirken, sich zusammenzuziehen, denn sie könnte andernfalls verhindern, dass die Wahrheit eurer tiefsten Liebe umfassend dargeboten wird.

Die Tiefe deines Liebesausdrucks mag zwar variieren, aber deine Verpflichtung und deine Übungspraxis können weiterhin einzig diesem Ziel gewidmet sein. Das heißt, du kannst die Kunst einer Phase-drei-Beziehung *üben* und die Kunst *üben*, eine Phase-drei-Frau zu sein, auch wenn es Tag und Nacht immer wieder Momente der ersten und zweiten Phase gibt.

Du kannst Momente der ersten und zweiten Phase klug erkennen und dich tiefer als sie öffnen. Vielleicht hat dein Partner vergessen, ein Versprechen einzulösen, und deshalb verschließt du dich als Reaktion auf seine mangelnde Konsequenz. Statt sich zu beschweren oder sich in Ausreden zu flüchten, kann dein Partner seinen Fehler zugeben und sich humorvoll, geradlinig und mit überschwänglichen Gesten um die Sache kümmern und sein Versprechen einlösen. Das ist ein Mann, dem du vertrauen kannst. Er gibt seinen Fehler einfach zu, schüttelt sich kurz und lernt, seine Absichten konsequenter durchzusetzen, während er die lebendige Kunst der Liebe vertieft.

In Wahrheit bist du nicht verletzt, weil dein Partner hin und wieder etwas vergisst. Du bist verletzt, wenn er ständig lügt und keine Integrität zeigt – er vergisst die Tiefe seiner Liebe, zieht sich zurück und von seiner Unendlichkeit bleibt nur noch schlechte Laune übrig – und das, obwohl es unweigerlich immer Versäumnisse und Erfolge gibt.

Genauso kann es sein, dass du hin und wieder von den Strömungen deiner Emotionen hin und her gewirbelt wirst und deinem Partner etwas Unwahres oder Verletzendes sagst. Statt sich launisch zu verschließen und dein Herz zur Verteidigung mit Mauern zu umgeben, kannst du dein Herz öffnen und deine tiefste Sehnsucht darbieten. Du kannst dich öffnen und *üben*, „Phase-drei-Liebe“ zu schenken, auch wenn du dich gewohnheitsmäßig eher verschließen würdest.

Als wärst du eine Musikerin, die immer wieder auf ihrem Instrument übt, bis sie es kunstgerecht spielen kann, kannst du üben, die Liebe zu vertiefen. Du kannst die Kunst der Liebe üben, indem du deinem Geliebten ein bisschen tiefer in die Augen schaust, sein Herz ein bisschen tiefer spürst und atmest und deinen Körper entspannt öffnest, um ein bisschen tiefer mit der Lust zu fließen, und gleichzeitig deine feminine Form und Sehnsucht als Liebesgaben darbieten. Wenn du dich darauf einlässt, die Kunst der Phase drei ergeben zu üben, zieht dies einen Phase-drei-Mann von tiefer Integrität an und inspiriert ihn.

Möchtest du lieber weniger liebevoll leben, als es deinem tiefsten Herzen entspräche? Wie tief bist du bereit, dich selbst, deinen Partner und die Welt zu lieben? Wie viel Hingabe besitzt du, um dich genau jetzt offen hinzugeben, Liebe zu spüren und zu atmen, und das Leben von Herzen als Liebe zu leben, damit du deine Gaben kunstgerecht jedem schenken kannst?

25
Zeig das Licht deines Herzens in der Öffentlichkeit

Bevor wir beide lernten, so tief zu lieben, kamst du manchmal von der Arbeit nach Hause und schienst besonders angespannt. Als ich dich nach dem Grund fragte, sagtest du, dass du den ganzen Tag lang „seelische sexuelle Grabschereien" von Männern gespürt hättest und dich deshalb wappnen müsstest. Dein Körper musste sich abschirmen, und ich spürte den Rest dieser Spannung in deinen Muskeln und eine Schutzmauer um dein Herz.

Jetzt, wo wir uns beide in unserer Liebe so umfassend füreinander öffnen können, leidest du nicht mehr so wie früher. Du weißt, was du tun musst, damit dein Herz offen und dein Körper entspannt bleibt und deine Energie am Arbeitsplatz und in der Öffentlichkeit nicht mehr ausgenutzt werden kann. Einige deiner Freunde und Freundinnen lassen sich immer noch auf „subtilen Sex" oder einen Flirt ein, und du verstehst dieses Bedürfnis. Sie möchten ein bisschen sexuelle Energie mit anderen austauschen, aber nicht bis ans Ende gehen. Deshalb praktizieren sie mit anderen halbherzigen Sex.

Dadurch, dass wir immer wieder üben, uns in Liebe für Gott zu öffnen, haben wir beide nicht mehr das Bedürfnis, hin und wieder sexuelle Gefechte auszutragen, wie sie zwischen Fremden, aber auch Freunden stattfinden. Du brauchst dich nicht gegen den „Angriff“ männlicher Aufmerksamkeit zu wappnen, weil du so voller Liebesenergie bist, dass du sie abschreckst oder ihnen Respekt einflößt. Du hast gelernt, was du tagsüber in der Arbeit oder in der Öffentlichkeit tun musst, damit deine Herzenssehnsucht für Gott offen bleibt und deine Körperenergie richtig fließt.

Wenn wir beide uns nun treffen, nehmen wir uns ein paar Momente Zeit, um uns in unser tiefstes Herz hinein zu entspannen und zu üben, in die tiefste Sehnsucht des anderen hineinzuspüren, aber unsere Verbindung wird nicht durch ein Aufrüsten vereitelt. Nachdem wir einige Momente gemeinsam geatmet, uns in die Augen geschaut und gegenseitig unser Herz gespürt haben, dürfen unsere Körper so tief verschmelzen, wie wir wollen. Keiner von uns trägt die schützende Rüstung, die wir anlegten, bevor wir lernten, jedermanns Herz zu atmen und zu spüren und unser gesamtes Leben aus der Offenheit unserer tiefsten Sehnsucht allen Wesen zuliebe darzubieten.

Stell dir jetzt einmal vor, du hättest eine Beziehung, die der dritten Phase verpflichtet ist; das Prinzip gilt immer, egal ob du in einer Beziehung bist oder nicht. Du weißt, dass deine feminine Energie sehr viel Macht besitzt; wenn du wolltest, könntest du einen Mann dazu bringen, alles zu tun. Als Phase-drei-Frau übst du diese Macht also von deinem tiefsten Herzen, allen Wesen zuliebe, aus.

Wenn du dich beispielsweise anziehst, schminkst und Schmuck anlegst, bevor du zur Arbeit gehst, weißt du, dass du dein feminines Strahlen schmückst und das Geschenk deines Liebeslichts fröhlich verstärkst – doch du spürst auch, welche Wirkung du auf andere haben wirst. Du kennst dich als Geschenk des Liebeslichts, eine unwiderstehliche Anziehungskraft. Deine Form, die feminine Gestalt deines Körpers, die Art, wie du dich bewegst und sprichst, können auf Männer so stark wirken, dass sie noch tagelang von dir träumen.

Ist es das, was du möchtest? Erspüre, was das Beste für andere in jeder Situation wäre – zu Hause, auf einer Party oder bei der Arbeit. Wahrscheinlich macht es dir Freude, dein Strahlen zu verschönern. Aber wenn du einmal über deine eigene Freude hinausspürst, wem würde es dienen, wenn du jemandes *sexuelle* Aufmerksamkeit erregst, und wann ist es angemessen?

Wenn dein Herz von göttlicher Liebe voll gefordert wird, hast du kein persönliches Bedürfnis danach, gesehen zu werden. Dein Körper ist offen und fließt, er lebt und besitzt sexuelle Energie, er strahlt vor Entzücken und leuchtet im Glanz der Liebe – du möchtest die Fülle der Liebe nicht durch Männer entweihen, die sich laute Gefechte liefern und dich seelisch angrabschen und befummeln. Bei der Arbeit kannst du zum Beispiel deine Energie in deinem Körper richtig zirkulieren lassen, aber du weißt, dass es niemandem nützen würde, wenn du die sexuelle Aufmerksamkeit der Männer erregst.

Deine Energie bleibt ganz bei der Arbeit und ist doch kein „Köder". Unter deiner Kleidung bleiben deine Genitalien entspannt und energiegeladen, und deine Brüste pulsieren noch immer, weil dein Partner sie verehrt. Dein Herz spürt weiterhin nach außen, es spürt alle Herzen und atmet deinen Partner, deine Kinder, deine Arbeitskollegen – und atmet jedermanns Herz.

Dein Körper bewegt sich mit der Anmut des Liebesflusses und hat kein Bedürfnis danach, um deinetwillen gesehen zu werden, kein Bedürfnis, sich männliche Aufmerksamkeit zu angeln, und auch kein Bedürfnis, die Macht deiner Anziehungskraft zu *unterdrücken*. Du erledigst einfach deine Aufgaben, atmest, spürst weiter und öffnest dich als Liebeslicht, ohne dass Männer dich beachten müssen.

Irgendwann im Lauf deines Arbeitstages fällt dir auf, dass du gestresst bist. Dein Kopf dröhnt, deine Kiefer sind verspannt, deine Atmung geht flach. Den ganzen Tag lang hast du wichtige geschäftliche Entscheidungen getroffen, Meetings geleitet und Punkte auf deiner To-do-Liste abgehakt. Irgendwann hast du die Verbindung zu deinem Herzen verloren. Du hast angefangen, mechanisch zu arbeiten wie ein maskuliner zielgerichteter Roboter. Du hast eine Menge erledigt, aber dein Herz und dein Körper fühlen sich jetzt verspannt und blockiert an.

Deshalb gehst du in eine Grünanlage in der Nähe oder verbarrikadierst dich in deinem Büro. Vielleicht steht dir auch nur eine Kabine in der Damentoilette zur Verfügung. Wo immer du allein sein kannst und von niemandem gesehen wirst, bleibst du einen Moment stehen und entspannst dich. Du stellst dir vor, wie sich Bauch und Brustkorb deines Geliebten an deinen Körper pressen. Du atmest tiefer, atmest in dein Herz, deinen Bauch, deine Genitalien, Beine, ja auch in die Zehen, ein und wieder aus.

Du fängst an, dich zu bewegen, schwingst die Hüften, hebst die Arme hoch und lässt die Liebesenergie voller durch deinen Körper strömen. Ein paar Minuten lang öffnest du dich, um dich von der Präsenz des Augenblicks erfüllen zu lassen, und bietest dich dar, um von der intensiven Fülle des Jetzt gefordert und geöffnet zu werden. Du tanzt offen und lebendig, empfängst beim Einatmen bei jedem Atemzug bewusst Liebe und gibst sie beim Ausatmen zurück, du atmest sie ein und mit jeder Zelle deines Körpers wieder aus und spürst dabei alle Herzen. Deine maskulinen Kanten beginnen zu schmelzen, während du dich liebevoll entspannst, rund wirst und überschäumend vor weiblicher Lebendigkeit und weiblichem Saft dahinströmst.

An deinem Arbeitstag machst du alle paar Stunden eine ähnliche Übung. Manchmal öffnest du Herz und Körper eher unmerklich bei einem Meeting oder am Computer sitzend. Du weißt: Egal wie wichtig deine geschäftlichen Belange sind, wenn du den Kontakt zu deiner tiefsten Herzenssehnsucht und der Offenheit deines Körpers verlierst, erziehst du deinen Körper dazu, nichts zu fühlen und sich zu verspannen. Du koppelst dich von dem ab, was dir am wichtigsten ist: die Liebe.

Du weißt, dass du Dinge genauso gut wie oder besser erledigen kannst als irgendein Mann. Du möchtest erfolgreich sein und zögerst nicht, deine Ziele mit Disziplin und Vehemenz zu erreichen. Aber du reduzierst dich nicht auf eine gut funktionierende Erfolgsmaschine.

Du weißt, dass sich Erfolg nur lohnt, wenn auch die Liebe voll in deinem Herzen, deinem Körper und deinem Leben fließt. So wie du deinen Partner dabei unterstützt, mit seiner Tiefe in Kontakt zu bleiben, tust du deshalb alles, was dich an einem ansonsten stressigen Arbeitstag wieder mit deiner tiefsten Herzenssehnsucht und deinem Energiefluss verbindet. Mit der Zeit kannst du tatsächlich lernen, während deines Arbeitstages alle Wesen in dein Herz ein- und wieder auszuatmen und Liebe mit deinem ganzen Körper zu tanzen.

Es kann jahrelang dauern, bis du diesen Prozess zu einer Kunst entwickelt hast, aber bald stellst du fest, dass andere Menschen dich anders behandeln: Männer und Frauen werden von deiner Offenheit und deinem Strahlen ungemein angezogen, doch sie haben auch Respekt vor deiner Tiefe. Wenn du deine eigene Herzenssehnsucht achtest und die Herzen aller anderen atmest, ziehst du jedermanns Ehre, Respekt, ja sogar Verehrung an. Die anderen können die unzerstörbare Macht deiner Liebe und die verletzliche Offenheit deines Herzens spüren.

Dein Körper sprüht vor Leben und wirkt einladend und sexy. Dennoch hast du selbst nicht das Bedürfnis, die Aufmerksamkeit beliebiger Männer auf dich zu ziehen – du wirst in puncto Sex und Liebe von dem von dir gewählten Mann zu Hause verehrt oder bei den Übungen, die du allein machst, von göttlicher Liebe gefordert.

Wenn Männer bei der Arbeit mit dir flirten, hast du nicht das Bedürfnis, ebenfalls zu flirten. Du sagst hallo und lächelst, aber du klinkst dich nicht in ihre Energie ein. Dein Blickkontakt ist kurz und liebenswürdig. Du weißt, dass du deine Herzenstiefe und die Fülle deines Körpers aufs Spiel setzen würdest, wenn du sie übermäßig lang anschauen oder sie zur Begrüßung umarmen würdest.

Auch wenn du allein in der Toilettenkabine bist oder an deinem Schreibtisch sitzt, kannst du dich öffnen, empfangen und dich von der göttlichen Präsenz des Augenblicks so umfassend fordern lassen, dass du dich fast immer mitgerissen fühlst; möglicherweise kommen dir die Männer am Arbeitsplatz im Vergleich zu der Tiefe, die dein Herz verlangt, allmählich wie sexuell bedürftige Papproboter vor. Dein tiefes Herz verbindet sich mit ihrem tiefen Herzen und atmet es, aber du hast es nicht nötig, sie mit sexuellen Energien zu umgarnen oder mit ihnen zu flirten.

Du beschließt, dich mit ein paar guten Freundinnen zum Mittagessen zu treffen. Als du das Restaurant betrittst, merkst du, wie sich Blicke auf dich richten. Du atmest voll, atmest die Herzen von allen im Restaurant ein und wieder aus. Du spürst ihre Herzen, doch du suhlst dich energetisch nicht in ihrer Aufmerksamkeit. Dein Herz ist offen, dein Körper entspannt, aber deine Energie steht nicht zur Ausbeutung zur Verfügung.

Du verstehst, dass Männer ständig nach femininer Energie lechzen, vor allem in unbedenklichen Formen, die keine Tiefe erfordern. Ein Mann zahlt dafür, anonym in einem Stripteaselokal zu sitzen und Frauen beim Tanzen zu beobachten. Die freizügige Darbietung weiblicher Lust und ungezügelter Energie heilt und belebt ihn – vor allem, wenn ihm die Darbietung weiblicher Lust in seinem Intimleben fehlt, entweder weil er Single ist oder weil seine Partnerin ihm ihre sexuelle Hingabe vorenthält.

Wenn du vom Eingang des Restaurants zu deinem Platz gehst, kannst du spüren, dass dich verschiedene Männer in unterschiedlichen Phasen beobachten. Phase-eins-Männer sind am häufigsten vertreten. Sie halten dich für ein Stück weibliches Fleisch, das sie verschlingen wollen und das ihre sexuelle Fantasie beflügeln könnte.

Ihre Verehrung für dich beschränkt sich auf ihre Gier nach deinem Körper. Phase-zwei-Männer checken dich nicht nur auf dein Aussehen hin ab, sondern auch auf deine Ausstrahlung. Sie wünschen sich ein bestimmtes Maß an Raffinesse, Eleganz und Unabhängigkeit. Auch sie gelüstet es nach einem Frauenkörper, aber sie finden den Verstand einer Frau genauso verführerisch, wenn nicht sogar verführerischer. Sie verehren dich als ganze Person und prüfen dich dahingehend, ob du ihre „Partnerin" werden könntest.

Vielleicht gibt es auch ein paar Phase-drei-Männer im Restaurant. Wie alle Männer verehren sie das Weibliche und schauen dich deshalb ebenfalls an. Sie sehen deine wohlgeformte Gestalt und spüren deine sexuelle Attraktivität, genauso wie Phase-eins-Männer. Sie schätzen deine Eleganz und deine intelligente Art, genau wie Phase-zwei-Männer. Aber sie spüren durch deinen Körper und deinen Verstand auch in die Tiefe deines Herzens. Am allermeisten werden sie von einem Herzen angetörnt, dass sich in ergebener Tiefe der Liebe verschrieben hat.

Ein Phase-drei-Mann verehrt die Tiefe deiner ergebenen Sehnsucht und die Fülle deines femininen Liebeslichts. Die Offenheit und das Strahlen deines Herzens mögen durch deinen Körper, die Art, dich zu bewegen, zu kleiden und durch deine redegewandte Stimme leuchten. Aber eine umwerfend gut aussehende Frau, die klug ist, kann einen Phase-drei-Mann nicht täuschen. Er kennt den Tod. Sein Bewusstsein spürt durch die Oberfläche der Erscheinungen hindurch. Er weiß, dass alles, auch dein Körper und dein Verstand, vergänglich, flüchtig und kurzlebig ist. Diese ganze Welt ist einer ständigen Veränderung unterworfen, und deshalb ist er verwurzelt in tiefem Bewusstsein, einem Bewusstsein, das sich nie verändert.

Von diesem Ort ewiger Tiefe aus spürt er dich. Er kann spüren, ob du die Aufmerksamkeit von Männern nötig hast. Ob du spielst. Ob du nach außen hin unabhängig handelst, im Herzen aber voll einsamer Sorge bist. Mag sein, dass sein Körper deinen Körper gern betrachtet und sein Verstand deine Intelligenz zu schätzen weiß, aber das reicht nicht, um sein Herz zur Verehrung zu bewegen. Sein Herz, seine Tiefe, sein Bewusstsein verehren feminine ergebene Offenheit – eine Frau, die es liebt, von Gott mitgerissen und gefordert zu werden, eine Frau, die sich der Attraktivität ihres Lichts sicher ist, eine Frau, die sich als strahlende Segnung darbietet, durch die das Bewusstsein verehren und verehrt werden kann.

Ein Phase-drei-Mann spürt, ob dein Herz das Bewusstsein – das heißt die Herzenstiefe – verehrt oder ob du dich von Essen, Gesprächen und äußerer Erscheinung ablenken lässt. Sein Herz – sein Bewusstsein – verbeugt sich in Verehrung deiner tiefen Herzenssehnsucht und deines vollkommenen Vertrauens auf die Tiefe der Liebe. Spürt er die Bereitschaft deines Herzens zur Hingabe nicht, wendet er sich wieder seinem Mittagessen zu, hat sich vielleicht von deinen körperlichen und intellektuellen Reizen anregen lassen, sich aber nicht veranlasst gesehen, deine Tiefe zu verehren oder dein Herz zu fordern und sich in deinem Leben niederzulassen – falls ihr beide zufällig für eine intime Beziehung frei gewesen wärt.

Du kommst an deinen Tisch und es ist dir voll bewusst, dass du von jedem Phase-eins-, Phase-zwei- und Phase-drei-Mann inspiziert worden bist, den es nach dir gelüstete, der dich schätzte beziehungsweise als göttliche Erscheinung femininen Liebesstrahlens verehrte – je nach seiner und deiner Tiefe. Und die Frauen im Restaurant haben dasselbe getan.

Jede Frau checkt eine andere Frau ab und vergleicht sich mit der Konkurrenz. Phase-eins-Frauen vergleichen Körperform und Alter. Phase-zwei-Frauen vergleichen Erfolg, Unabhängigkeit und Intelligenz. Phase-drei-Frauen erkennen und verehren alle Frauen als menschliche Formen des Göttlich-Weiblichen, so wie es Phase-drei-Männer tun. Sie spüren die Tiefe oder das Fehlen deines Herzensstrahlens.

Während junge Phase-eins-Frauen also deinen älteren Körper für keine große Bedrohung halten und Phase-zwei-Frauen versuchen, dich in ihre Wertekategorie einzuordnen, spüren Phase-drei-Frauen, wie vollkommen deine derzeitige Gestalt ein Ausdruck von tiefer Liebe und Licht ist. Sind dein Körper und Verstand für das Strahlen deines Herzens und deine ergebene Sehnsucht durchlässig, indem sie deine segensreichen Gaben in den Raum herunterregnen lassen? Oder bist du verängstigt, eingebildet oder so verletzt und verwirrt, dass du bis zu einem gewissen Grad den Kontakt zu deinem tiefsten Herzensbegehren und zu deinen Gaben verloren hast?

Phase-drei-Frauen bewegen sich, spüren und atmen und sind offen für jedermanns Herz – und deshalb können Phase-drei-Frauen mühelos die Offenheit oder Verschlossenheit deines Herzens spüren. Du hast vielleicht mehr oder weniger keck hervorstehende Brüste und beruflich bist du einigermaßen erfolgreich, aber eine Phase-drei-Frau kann spüren, ob dein Herz von der Liebe gefordert wird oder nicht und ob es als deine tiefste Gabe allen Wesen dargeboten wird.

Wenn du dich also zu deinen Freundinnen setzt, spürt dich jede von ihnen, je nachdem, ob sie sich in einem Phase-eins-, Phase-zwei- oder Phase-drei-Moment befindet. Während du es dir auf deinem Stuhl bequem machst, spürst du das Herz jeder deiner Freundinnen. Du spürst ihr Leid und ihre Liebe. Du atmest den Schmerz und die Freude deiner Freundinnen in dein Herz ein und wieder aus, das durchlässig ist für ihre Sehnsucht und ihre Qual. Du öffnest deinen Körper entspannt und bietest deinen Freundinnen deine Liebesenergie dar, indem du sie berührst, mit ihnen lachst und dich mit ihnen unterhältst.

Deine Stimme und deine Worte sind ein Lied, das ihre Herzen öffnet. Deine Bewegungen sind ein Tanz, der Licht in ihr Leben bringt. Dein Lachen ist ein Fest mit den Frauen, die du liebst. Der Phase-eins-Teil von dir bemerkt vielleicht den neuen Diamant-Verlobungsring einer Freundin und verspürt Eifersucht. Der Phase-zwei-Teil von dir beneidet sie vielleicht, weil sie wegen ihres soeben erschienenen neuen Buchs eine steile Karriere macht und sich gerade eine große Ranch gekauft hat. Aber der Phase-drei-Teil von dir – dein tiefes Herz – verliert nie den Kontakt zu ihrem tiefen Herzen.

Deine Eifersucht kommt und vergeht – dir fallen der süße Hintern des Kellners und seine wunderschönen Hände auf – und noch immer spürt dein Herz in jedermanns Herz hinein, empfängt atmend jedermanns Liebe und Leid und bietet ihnen dein Herz dar, das ihre Tiefe verehrt, ohne sie in deine Eifersucht oder deine Lüsternheit hineinzuziehen. Aus der Tiefe deines offenen Herzens heraus *übst* du bewusst, Liebe zu geben und zu empfangen, auch wenn unwichtigere, oberflächlichere Bereiche deines Körpers und Verstandes darum wetteifern, von dir beachtet und zum Ausdruck gebracht zu werden.

Wärst du Single und frei für eine Beziehung, würden den Phase-drei-Männern im Restaurant deine Tiefe und Herzensstärke auffallen. Im Gegensatz zu den meisten Frauen, die sich hastig bewegen, gestresst und von ihrem Selbstwert besessen sind, zeigt sich das Vertrauen deines verletzlichen und sehnsüchtigen Herzens an der Offenheit deines Körpers, deiner Augen, deines Lächelns. Und deine ungezähmte, unbändige, unerschrockene Energie ebenfalls.

Ein Phase-drei-Mann wäre fähig, zu spüren, dass du dich nicht scheust, alles zu zerstören, was weniger ist als Liebe. Wärst du Single, würden deine Blicke vielleicht sagen: „Ich bin frei." Dein Herz würde sagen: „Ich sehne mich danach, verehrt zu werden und mich ergeben hinzugeben." Aber deine Energie sagt auch: „Und versuch es bloß nicht, es sei denn, du lebst gemäß dem tiefsten Sinn deines Herzens, bietest die tiefste Integrität deines Herzens dar und bist unerschrocken genug, um präsent bei mir zu bleiben – mich mitzureißen –, selbst wenn ich ein wildes Luder oder eine verrückte Teufelin bin. Nimm mich, wenn du dich traust. Wenn du mir weniger gibst als dein wahres Herz, dann bringe ich dich um."

Ein Phase-drei-Mann würde deine Forderung nach seiner tiefen Präsenz sogar dann spüren, wenn er im Restaurant weiter entfernt sitzt, ohne mit dir zu sprechen oder dich zu berühren. Er würde spüren, dass du die Offenheit deines Herzens durch deine Atmung, deine Stimme und deine Bewegungen darbietest und bereit wärst, ihm seinen mittelmäßigen Kopf abzuschlagen, falls sein Bewusstsein oberflächlich bleiben sollte. Er kann dich auf diese Weise spüren, weil du Ergebenheit darbietest oder ihm seinen Kopf genau jetzt im Restaurant abschlägst, einfach durch einen raschen streifenden Blick oder kurzen Blickkontakt.

Er würde es auch spüren, wenn du kein Single wärst. Hättest du eine Beziehung, käme durch deine Haltung zum Ausdruck, dass du für den gelegentlichen Austausch sexueller Energie nicht zur Verfügung stehst. Dein Herz wird schon von der tiefen Verehrung deines Partners gefordert, und ein Phase-drei-Mann im Restaurant würde es honorieren, dass sich dein Herz dem von dir gewählten Mann verschrieben hat. Innerlich verbeugt er sich vielleicht anerkennend vor deiner tiefen Herzensgabe – mag sein, dass ihn die segnende Macht deiner strahlenden Form stumm macht und einschüchtert –, aber er wird respektvoll Distanz halten. Im Herzen atmet ihr, du und er, als einer – du und jedermann atmen im Herzen als einer – und deshalb öffnet sich sein Begehren der ersten und zweiten Phase transparent für das eine Herz der Liebe, das als alle Wesen atmet.

Beim Mittagessen zerren verschiedene Kräfte der ersten und zweiten Phase heftig an dir, man wirft Haken nach dir aus und versetzt dir Stiche. Eine Freundin kritisiert dich, eine andere beschwert sich, du hättest ihr letzte Woche wehgetan. Ein abgerissener Typ kommt an deinen Tisch und versucht, dich anzubaggern. Der attraktive Kellner zieht dich noch immer in seinen Bann. Dein Essen nimmt deine Aufmerksamkeit in Anspruch, und du stellst fest, dass deine Herzensliebe sich auf den Nachtisch reduziert hat, der in deinem Mund schmilzt. In all diesen Augenblicken tust du dein Bestes, um dich im Öffnen deines Herzens zu üben, damit du jeden spüren und atmen, deinen Körper entspannt öffnen und dein tiefstes Herz durch dein gesamtes Wesen als Segnung des Liebeslichts deinen Freundinnen und allen darbieten kannst.

Dass du dich darin übst, Herzenstiefe zu zeigen, Liebe zu schenken und mit Energie auf andere reagierst – das ist es, was einen tiefgründigen Mann anzieht und alle Wesen dazu inspiriert, sich im Vertrauen auf die Liebe zu öffnen.

26
Sich für Misshandlungen statt für Liebe entscheiden

Ich kann mich selbst lieben, dich lieben und jedem meine tiefste Liebe schenken – oder mich zurückhalten. Es ist meine Wahl. Und du, teure Geliebte, hast dieselbe Wahl.

Du und ich, wir haben gemeinsam die Kunst des Liebens praktiziert. Wir haben Lehrer aufgesucht und an Seminaren teilgenommen, die uns helfen sollten, uns zu öffnen und zu lieben. Wir haben Bücher darüber gelesen, wie wir unser Herz öffnen und für das Göttliche erwachen, das uns lebt. Du und ich, wir beide wissen, was wir tun müssen und wie wir uns öffnen können, um die Gaben darzubieten, die aus unserem tiefsten Herzen fließen. Die einzige Frage ist: Wollen wir es?

Angenommen, eine Freundin von dir hat eine Phase-eins-Beziehung: Ihr Partner kontrolliert sie, wertet sie ab, schlägt sie vielleicht sogar. Aber dann schlafen sie miteinander, er entschuldigt sich und sie verbinden sich in tiefer Intimität. Ein paar Tage – oder Stunden – später misshandelt er sie wieder. Kurz darauf versöhnen sie sich tränenreich, er zeigt Reue und dann kommt es zum leidenschaftlichen Liebesspiel.

Sie kommt zu dir, weil sie Rat braucht. Dir ist völlig klar: Sie sollte ihren Partner, der sie so misshandelt, verlassen. Sie aber findet, das sei zu rigoros. Sie hat das Gefühl, ihr Partner könne sich verändern. Er wolle sich wirklich ändern, bloß weiß er nicht, wie. Er ist bereit, einen Therapeuten aufzusuchen. Er liebt sie wirklich, sie weiß es.

Sie erzählt dir, wie gut es sich anfühlt, wenn sie Liebe machen, wie leidenschaftlich er sie nimmt. Du verstehst, was sie sagt, und lechzt vielleicht selbst nach einem leidenschaftlichen Mann, kannst aber nicht verstehen, warum sie sich seine Misshandlungen gefallen lassen soll. Du versuchst, ihr begreiflich zu machen, dass sie einen Mann haben könnte, der ihr leidenschaftliche Liebe bietet, ohne sie zu misshandeln. Sie weiß, dass dies möglich wäre, aber die Leere in ihrem Herzen wird von ihrem misshandelnden Partner ausgefüllt und sie glaubt nicht, dass ein anderer Mann sie so tief lieben könnte.

Sie hat sich dafür entschieden, ein aktives Opfer seiner Misshandlungen zu sein, indem sie sich ihm darbietet, damit er sie abwechselnd schlägt und liebt. Das ist ihre Entscheidung, nicht deine.

Deine Entscheidung ist es, auf einen guten Mann zu warten. Du fühlst dich in der zweiten Phase besser, kümmerst dich um dich selbst, während es beruflich weitergeht, deine Freundinnen entwickeln sich und dein Leben wird besser. Vielleicht gibt es in deinem Leben einen Mann, aber du weißt, dass eine tiefere Intimität möglich ist. Oder vielleicht wartest du „unbemannt“, verabredest dich hin und wieder oder triffst dich mit männlichen Freunden zum Mittagessen, aber ohne ernste Absichten.

Du merkst wahrscheinlich nicht, dass du wie deine Freundin die *Entscheidung* triffst, Opfer von Misshandlungen zu sein. Nicht ein Mann behandelt dich schlecht, sondern du selbst. Du verschließt dich bewusst, verschließt dein Herz vor der Liebe und „machst dicht“, so dass dein Körper und dein Herz nicht mehr so sichtbar leiden. Vielleicht fügst du dir genauso viel Schaden zu, wie ein Mann dir Schaden zufügen könnte.

In jedem Moment, in dem du flacher atmest, als du es tun würdest, wenn du tief Liebe machst, erziehst du deinen Körper bewusst dazu, weniger zu spüren, erziehst dein Herz dazu, sich weniger zu öffnen, und deine Liebe dazu, spärlicher zu fließen. Du brauchst keine erhobene männliche Faust, die dich klein macht; du machst dich selbst klein. Du verharrst in einer Beziehung mit dir selbst, die dich klein macht, so wie deine Phase-eins-Freundin in solch einer Beziehung mit einem Mann verharrt.

Die Bedrohung durch einen Mann und dein mangelndes Vertrauen erzeugen bei dir denselben Effekt: Dein Körper verspannt sich, deine Atmung wird flach, deine Muskeln ziehen sich zusammen, dein Herz verengt sich und du wirst gefühllos. Vielleicht weinst du und fragst dich, ob das jemals ein Ende haben wird, ob die Liebe irgendwann endlich auch zu dir kommen und dich in die Arme schließen wird. Wirst du jemals fähig sein, auf die Liebe zu vertrauen, oder wirst du immer in Angst und Zweifel leben? Du kannst dich gefühlsmäßig so abschotten, dass du sie nicht einmal mehr bewusst wahrnimmst.

Die schlechte Behandlung durch einen Mann oder deine Selbstmisshandlung kann dir so vertraut werden, dass sie dir normal vorkommt. Du kannst dich so sehr an ein angespanntes, eingeschränktes Leben gewöhnen, dass du nicht mehr spürst, dass du dich bewusst dafür *entschieden* hast, dich zu verspannen und einzuschränken. Deine Entscheidung ist zur Gewohnheit geworden. Du bezweifelst, ob es wirklich eine Alternative gibt. Du hast Angst vor dem Risiko, dich weiter zu öffnen als deine angespannte Selbstschutzhaltung, so wie deine Freundin Angst hat, die Grenzen zu überschreiten, die ihr die Kontrolle ihres Partners auferlegt.

Du hast lediglich dein Misstrauen von äußeren auf innere Zweifel verschoben. Du zweifelst an der Liebe, und deshalb pufferst du dein Herz ab und verhärtest deinen Körper. Du kannst Angst bekommen, die vertraute Lebensweise – und die Anspannung – aufzugeben, die dein Herz ständig misshandelt. Du bist inzwischen an ein bisschen Leiden gewöhnt und liebst dein schön eingerichtetes Zuhause, deine Freunde, deine Katze, deinen Garten wirklich – so wie deine Freundin die Leidenschaft ihres Partners liebt. Doch ihr beiden entscheidet euch dafür, das Opfer zu spielen und weniger Liebe zu empfangen, als ihr – wie ihr in eurem Innern spürt – verdient hättet.

Mag sein, dass es dir heute Nacht ausgezeichnet geht. Du hast einen wunderbaren Abend mit deinen Freundinnen verbracht, ihr wart tanzen, habt ein köstliches Abendessen genossen oder euch einen guten Film angesehen. Morgen fühlst du dich vielleicht verzweifelt, hässlich, wertlos, unfähig, aufzustehen. Die Zyklen deiner emotionalen Selbstmisshandlung erinnern an die deiner Freundin mit ihrem Geliebten: geschlagen werden, sich versöhnen, fortlaufen wollen und bleiben wollen – jedenfalls bist du nicht bereit, dich über das vertraute Zuhause hinaus zu öffnen, das du dir geschaffen hast, egal wie unzulänglich die Liebe ist.

Solange du die Offenheit jenseits deines Dramas nicht spüren kannst – er liebt mich, er liebt mich nicht; allein geht es mir ausgezeichnet, aber ich sehne mich nach einem guten Mann –, wird dein Herz in Misshandlungen verstrickt bleiben. Aus Gewohnheit wirst du dich für deine abhängige Phase-eins-Beziehung oder deine Trennung hervorrufende Phase-zwei-Unabhängigkeit entscheiden, bis deine Liebessehnsucht dein Herz aufbricht und dich über das Drama des Kommens und Gehens der Liebe hinausführt.

Du kannst deine Freundin weiterhin dabei unterstützen, ihren misshandelnden Partner zu verlassen, aber sie wird es erst dann tun, wenn sie bereit ist, auf eigenen Füßen zu stehen, weg vom nicht enden wollenden Drama, misshandelt und leidenschaftlich geliebt zu werden. Ebenso kann dich jemand erst dann dazu bringen, über deine das Herz schützende Unabhängigkeit hinauszuwachsen, wenn du bereit bist, der Liebe zu vertrauen und deine Sehnsucht offen zu zeigen, ohne dich in das nicht enden wollende Drama von Einsamkeit und einer möglichen Beziehung zu verstricken.

Bist du willens und bereit, mit Hingabe offen zu leben – die Schichten tiefer Verletzung und tiefen Schmerzes zu spüren und zu lieben, wenn sie von deinem Herzen abfallen – und deine tiefste Sehnsucht auch dann darzubieten, wenn die Liebe eines Mannes und deine Eigenliebe kommen und gehen?

Im Herzen, unter deinen gewohnheitsmäßig fest anliegenden Schalen, *bist* du Liebe. Du kannst dich entscheiden, dich deiner tiefsten Herzenssehnsucht offen hinzugeben. Du kannst als sehnsüchtige

Offenheit der Liebe atmen, sprechen, dich bewegen und leben. Doch es mag sein, dass du dich weigerst, dich entspannt zu öffnen, weil du Angst hast, den gewaltigen Schmerz zu spüren, der noch immer in deinem verletzlichen Herzen wohnt. Genauso wie eine finanzielle oder politische Herausforderung deinem Partner einen Anlass gibt, oberflächlich etwas mit seinem Leben anzufangen, kann eine Beziehung, der die Liebe fehlt, oder Misstrauen gegenüber Männern dir ein Drama bescheren, mit dem du deine Weigerung rechtfertigst, dich deiner tiefsten Herzenssehnsucht zu öffnen.

Wie dramatisch soll die Geschichte deiner Weigerung sein? Brauchst du dazu einen Mann, der dich schlecht behandelt oder vernachlässigt? Oder bist du über dieses Bedürfnis hinausgewachsen, so dass du ganz gut in der Lage bist, deine tiefste Herzenssehnsucht selbst schlecht zu behandeln und zu vernachlässigen? Wenn du dich der vollkommensten Liebessehnsucht nicht genau jetzt öffnest, dann weigerst du dich – *weil du dich weigern willst*. Du kannst dafür deinem Partner oder seinem Fehlen Vorwürfe machen; du kannst dir oder deinem Fehlen dafür Vorwürfe machen. Aber genau jetzt hast du die Wahl. Verschließt du dich verspannt oder öffnest du dich deiner tiefsten Herzenssehnsucht, indem du atmest, spürst und dich der Liebe im Herzen aller Wesen öffnest?

27 Der Wunsch, sich öffnen zu lassen

Ich spüre deine Liebe sehr gern. Aber ich spüre auch gern, dass du für meine Liebe offen bist.

Wir haben die Kunst des Liebens konsequent praktiziert. Jetzt sind unsere Herzen tief in Liebe verbunden, und ich genieße es, das Spiel deiner Schüchternheit und deines spröden Widerstandes zu spüren. Während du mich spielerisch zurückweist oder wegschiebst, kann ich spüren, dass die Gewissheit der Liebe tief in deinem Herzen lächelt. Du weißt, dass ich durch deine Verschlossenheit dringen werde, um dein Herz mit meiner Forderung weit zu öffnen. Es bereitet mir Freude, deinen Widerstand zu spüren, während ich dich mitreiße und öffne – wir wissen beide, dass du bereits mir gehörst.

In der Mitte des Lebens gerät dein tiefster Herzenswunsch leicht in Vergessenheit. Wenn du eine feminine sexuelle Essenz hast, dann ist dein tiefster Wunsch, dich ganz zu öffnen, dich von der Liebe mitreißen zu lassen und dein Herz in Ergebenheit darzubieten – Gott, aber ganz oft durch einen Mann, darzubieten. Wahrscheinlich zieht dein Herz die Zwei-Körper-Form der Hingabe der Ein-Körper-Form vor. Vermutlich würdest du dich eher von der Liebe eines Mannes, der voll tiefer Leidenschaft und Integrität ist, für Gott öffnen lassen, als dich selbst allein in einem Zimmer zu öffnen.

Dein tiefster Wunsch ist also nicht nur, dich zu öffnen, sondern *dich öffnen zu lassen*. Das heißt, du verspürst nicht nur Lust, dich weit offen zu fühlen, sondern zu spüren, dass dein Partner deine Widerstände willkommen heißt und sich in ihnen einrichtet, dass seine Liebe dich durchdringt und du dich offen hingibst, wenn er mit der sanften Gewalt seiner Liebe in dein Herz eindringt. Mit deinen Kämpfen, Raufereien und Verweigerungen willst du das Vergnügen deines Partners genießen, bei dir zu sein, liebevoll, humorvoll und beharrlich in dich einzudringen und dich für Gott zu öffnen.

Du möchtest die Fähigkeit deines Partners, dich zu öffnen, spüren und darauf vertrauen, und das geht nur, wenn du dich so lange verweigerst, verschließt und Widerstand leistest, bis du spürst, dass er fähig ist, in seiner Liebe beharrlich zu bleiben. Seine Fähigkeit, in der Liebe beharrlich zu bleiben, törnt dich an – nicht nur die Tatsache, dass er dich liebt. Du möchtest spüren, dass er dich liebt, wenn du ein richtiges Miststück bist, eine klagende Todesfee oder ein verschlossener Klumpen, der nur noch „Nein“ sagt. Du möchtest spüren, dass er dich für das „Ja“ öffnet.

Du musst seine Liebe einfach auf die Probe stellen. Vielleicht sagst du: „Lass mich allein“, damit du spürst, dass er trotz deiner Ablehnung bei dir bleibt. Vielleicht kritisierst du seine Schwächen, damit zu spürst, dass er nicht zusammenknickt, sondern die Wahrheit humorvoll aufnimmt und präsent bleibt. Genau das bedeutet „mitreißen“ wirklich: dass dein Partner dich tiefer öffnet, als du vorgibst, dich öffnen zu wollen. Tief in deinem Herzen möchtest du dich vollkommen öffnen, aber das Drama, das du manchmal aufführst, ist ein Drama der Verweigerung und des Widerstands.

In der ersten Phase bist du in deinen Launen der Verweigerung und Frustration verloren. In der zweiten Phase versuchst du, deine Sehnsucht, Trauer und deine Wut zu unterdrücken, indem du nach außen hin ruhig und besonnen handelst, innerlich aber vor Schmerz verrückt wirst. In der dritten Phase stellst du fest, dass deine feminine

Form die Verweigerung der Liebe spielt, damit du spürst, dass dein Partner dich trotz deines Widerstandes öffnet. Dein weibliches Drama geht auch in der dritten Phase weiter, wird dort aber humorvoll aufgeführt, da ihr beide wisst, dass euer tiefes Herz eins ist, auch wenn du „Nein" sagst und er dich für das „Ja" öffnet.

In der ersten Phase gibst du dich manchmal spröde, um das Begehren deines Partners zu wecken. In der zweiten Phase hältst du Sprödigkeit für eine unreife Art von Manipulation und versuchst deshalb, deine Wünsche direkter und vernünftiger zur Sprache zu bringen, als das ewige Versteckspiel zu spielen. Aber in der dritten Phase wird dir klar, dass dein feminines Herz sich wünscht, nicht nur offen zu sein, sondern zu spüren, dass dein Partner dich *öffnet*.

Dein Phase-drei-Partner würde dich genau jetzt spüren und so lieben, wie du bist. Er würde spüren, dass sich sowohl deine tiefste Herzenssehnsucht als auch dein Verschlossenheitsspiel in ergebener Hingabe öffnen.

Ein tiefgründiger Mann spürt alles an dir, als würde er dich wie ein gut sitzendes Tuch aus Licht tragen. Er „wohnt dir inne", wie Wasser der Gestalt einer Wolke innewohnt. Er liebt dich und dringt in deine Form so vollständig ein, er *ist* du, dieselbe Offenheit der Liebe.

In einer Phase-drei-Beziehung kannst du spüren, dass dein Partner dir innewohnt, auch wenn du Widerstand leistest. Du kannst spüren, dass er dich kennt, vielleicht tiefer, als du dich selbst kennst. Ganz automatisch ergibst du dich, um dein Vergnügen darüber, dass er dir innewohnt, zu offenbaren. Du erkennst dich selbst, weil er immer wieder erkennt, wer du wirklich bist, sehnsuchtsvoll und offen für die Fülle der Liebe.

28
Vertrauen und Sich-Öffnen – eine Zusammenfassung

Ich vertraue deinem tiefsten Herzen und du vertraust meinem. Dieses Vertrauen ist das Herz unserer Beziehung. Wir haben beide Schalen, die unserer Liebe manchmal im Weg stehen und zeitweilig Verrat und Verwirrung stiften. Aber durch diese verletzenden Zeiten hindurch haben wir geübt, uns zu öffnen, und haben gelernt, der tiefen Herzenssehnsucht des anderen zu vertrauen, die die Herrschaft der Liebe wiedererweckt. Wir haben uns der Liebe verpflichtet, die im Herzen unseres Lebens offen lebt, derselben Liebe, die sich danach sehnt, sich durch jedermanns Herz zu öffnen.

Deine Liebe ist eine Kunst, die sich vertieft, wenn dein Leben sich in verschiedenen Phasen entwickelt. Manchmal wird deine maskuline Zielgerichtetheit hervortreten, vielleicht wenn du beschließt, dich intensiv um deine berufliche Karriere zu kümmern. Manchmal wird dich die feminine Kraft deiner ungeheuer großen Liebesenergie bewegen. Da du sowohl maskuline als auch feminine Seiten hast, wirst du dein Leben lang ganz automatisch verschiedene Teile von dir zu unterschiedlichen Zeiten zeigen.

Doch wenn du eine feminine sexuelle Essenz hast, wirst du dich danach sehnen, von einem Mann mit tiefer Integrität genommen und für Gott geöffnet zu werden. Selbst wenn du die Chefin einer Firma bist und in deinem Leben viele Erfolge verzeichnen kannst, wird sich dein feminines Herz immer noch danach sehnen, sich ganz als ergebenes Geschenk hinzugeben.

Vielleicht wartest du darauf, gefordert zu werden und deinen ganzen Körper und dein Herz einem Mann darzubieten, dem du zutraust, dass er dich für Gott öffnet, auch wenn du eine einflussreiche Politikerin mit richtig viel Geld bist. Egal wie viel maskulinen Erfolg oder maskuline Freiheit du erreicht hast – wenn du eine feminine sexuelle Essenz hast, sehnt sich dein Herz danach, ohne Zögern in ergebenem Zwei-Körper-Vertrauen gefordert, mitgerissen und dargeboten zu werden.

Lass dich bei deinem Handeln in der Welt, im Geschäftsleben, in der Politik und in der Kunst von deiner Liebe leiten. Vertraue auf das, was sich entfaltet, wenn du aus tiefstem Herzen lebst. Tu das, was du gern tust. Aber gib Acht, dass deine Liebe zur Politik oder zum Geschäftsleben nicht eine versteckte Form von Misstrauen gegenüber deinem Partner ist oder des Misstrauens, dass ein Mann dein Herz nicht für Gott öffnen kann. Achte darauf, dass dein Berufsleben ein Ausdruck deines tiefsten Herzens ist, nicht ein Ersatz dafür, so völlig mitgerissen zu werden, dass jede Zelle erfüllt wird und im Liebesglück zerbirst.

Wenn du mit einem Mann zusammen bist, der dich sexuell und spirituell nicht für Gott öffnen kann, hast du dich für eine Situation entschieden, die nicht deine völlige Hingabe erfordert. Wenn du Angst hast, dich hinzugeben – wenn eine oder mehrere deiner maskulinen Schalen die Kontrolle über dein Leben behalten wollen –, dann wirst du dir immer einen Mann suchen, der nicht ganz in dich eindringen kann, dessen Forderung für dich so schwach ist, dass du damit dein Misstrauen und dein verschlossenes Herz rechtfertigen kannst.

Wenn du bereit bist, dich offen hinzugeben und von der Liebe gefordert zu werden, wirst du einen Mann anziehen und auswählen, der dich ganz öffnen kann, einen Mann, der mit der beständigen Kraft seiner tiefen, liebevollen Präsenz deine völlige Hingabe verlangt.

Andernfalls wirst du, wenn deine Schalen deine tiefste Herzensergebenheit immer noch zudecken, einen Mann anziehen und auswählen, dessen Schalen blinde Flecke der Nichtintegrität erzeugen, mit denen du dein Misstrauen rechtfertigst und so lange verschlossen bleibst, bist du irgendwann vergessen hast, wie es sich anfühlt, offen zu sein. Dein Partner bekommt deine sich hinter Schalen aufstauenden Emotionen besser mit als deine tiefste Herzensgabe und vertraut deshalb *seinem* Herzen mehr und hört weniger auf *deine* Emotionalität.

Die Basis einer Phase-zwei-Beziehung ist: Du vertraust auf dich selbst und streitest ab, dass dein Geliebter dein Herz besser kennt als du.

Die dritte Phase basiert darauf, dass ihr die Herzenstiefe des Partners verehrt und du anerkennst, dass deine Schalen verhindern, dass du spürst, ob dein Herz ganz dargeboten wird. Du traust deinem Phase-drei-Geliebten zu, dass er das Herz deines Herzens ist.

Dein Partner vertraut darauf, dass dein Herz sein Herz wahrhaftiger spüren kann, als er es durch seine Schalen tun kann. Er öffnet sich, um die ergebene Reaktion deines Herzens auf seine Integrität sowie dein zusammengezogenes Herz als Reaktion auf seine Blindheit zu empfangen. Dank deiner feinfühligen Verbindung zu seinem Herzen kann dein Partner sein Leben umfassender mit seiner eigenen Herzenswahrheit in Einklang bringen. Er kann dir – und der Welt – seine Liebe und seine Gaben von einem tieferen Ort in seinem Herzen aus darbieten.

Wenn du die unverteidigte liebevolle Integrität deines Partners spürst, wächst dein Vertrauen in seine unerschütterliche Verpflichtung zu wahrer Herzenstiefe – deiner, seiner und jedermanns Herzenstiefe. Du empfängst häufiger seine vertrauenswürdige Fähigkeit, dich zu spüren und dich weiter zu öffnen, als du selbst dich öffnen kannst. Du gibst dich offen hin und bietest dich ihm dar – mit all deinen Schalen –, damit er dich spüren, in dich eindringen und dich zu noch tieferer Liebe und glückseliger Hingabe mitreißen und öffnen kann.

Mit der Verehrung und dem Vertrauen darauf, dass die Liebe größer ist als ihr, wachst ihr beide über das Vertrauen in euch selbst hinaus. Dein Partner vertraut darauf, dass du sein Herz besser spüren kannst als er selbst – und darauf, dass er sein Leben nach seiner Herzenswahrheit ausrichtet. Du vertraust darauf, dass dein Partner besser als du deine tiefste Herzenssehnsucht durch deine Schalen spüren und deine tiefste Freude, dich hinzugeben, voll erblühen lassen kann.

Ihr lernt, dem Herzen des jeweils anderen zu vertrauen und es als göttliche Gabe zu verehren, die euch mehr öffnen kann, als ihr selbst es vermögt. Und während ihr atmet und euch entspannt noch mehr öffnet, spürt ihr, dass die Offenheit aller Herzen, das heißt die Liebe, ganz natürlich in eurer Verantwortung liegt.

29
Leb wohl

Unsere gemeinsame Zeit geht zu Ende, wie es bei jeder Beziehung früher oder später der Fall ist.

Ich liebe dich.

Andere, die ihre Liebe mit uns teilen wollten, haben dein und mein Herz geöffnet.

Ich bete dafür, dass unser beider Liebe dazu dient, die Herzen anderer, vieler anderer, zu öffnen.

Leb wohl, teure Geliebte.

Vergiss die Liebe nicht.

Liebe dich selbst, deinen Geliebten und jeden, so wie du bist.

Übe dich darin, deinem Herzen zu gestatten, deine Sehnsucht offen zu zeigen.

Dein aktives Sich-Öffnen wirkt deinem gewohnheitsmäßigen Sich-Verschließen entgegen.

Tief im Herzen sehnen sich du und dein Geliebter nach etwas mehr als den vergänglichen Freuden, die Arbeit, Sex, Familie und Freunde bieten.

Dein Herz ist äußerst feinfühlig für jeden Augenblick, in dem dein Partner dir seine Tiefe nicht darbietet. Und er ist von jedem Augenblick angewidert, in dem deine harten Schalen seinem Frieden zusetzen.

Unter seinem ausdruckslosen Gesicht und deiner Anspannung sehnt sich die Liebe danach, sich zu öffnen.

Eure Sehnsucht ist ein Geschenk, das ihr euch gegenseitig und jedermann macht.

Du kannst alles haben und trotzdem deprimiert sein, bis du lernst, dass du als Geschenk hier bist. Du bist nicht hier, um etwas zu bekommen; du bist hier, um zu geben.

Du bist geboren in menschlicher Gestalt, reifst durch Kindheit, mittleres Alter und Tod heran. Kein Körper und keine Beziehung bestehen ewig. Nur deine Sehnsucht – das Begehren der Liebe, sich durch dich zu öffnen – hat Bestand.

Deine Liebe ist dieselbe Liebe, die sich danach sehnt, sich in jedermanns Herz zu öffnen.

Beständige Sehnsucht ist der Aufruf, dich zu öffnen und dich allen als Liebesgabe darzubieten.

Du wirst einen Mann anziehen und inspirieren, der genauso bereit und fähig ist wie du, sich zu öffnen. Wenn dein Körper nicht gewillt ist oder unfähig, sich offen hinzugeben und deine Herzenssehnsucht und dein Vertrauen voll zum Ausdruck zu bringen, wirst du einen Mann anziehen und inspirieren, der nicht bereit ist oder unfähig, dein Herz mit seiner Forderung ganz zu öffnen.

Deine Gabe ist ein Leuchtfeuer; dein Partner ist so tief – oder wird so tief sein –, wie du jetzt das Loch in deinem Herzen und deine Sehnsucht, sich der Liebe zu öffnen, darbietest.

Gib dich offen hin, über den Rand des Universums hinaus, und lass dich von Gottes Forderung öffnen.

Oder mach dir klar, dass du dich bewusst für weniger entscheidest.

Dieser Moment ist eine Gelegenheit für dich, alle zu spüren und zu atmen, deinen Tanz der Liebe und dein ergebenes Herz so tief darzubieten, wie du es dir immer ersehnt hast.

ENDE